Thieme

Rechtsmedizinische Aspekte der Notfallmedizin

Ein praxisbezogener Leitfaden

Thomas Ahne
Sieglinde Ahne
Michael Bohnert

65 Abbildungen
2 Tabellen

Georg Thieme Verlag
Stuttgart · New York

Bibliografische Information der Deutschen Nationalbibliothek
Die Deutsche Nationalbibliothek verzeichnet diese Publikation in der Deutschen Nationalbibliografie; detaillierte bibliografische Daten sind im Internet über http://dnb.d-nb.de abrufbar.

Rüdigerstraße 14
70469 Stuttgart
Deutschland
Telefon: +49/(0)711/8931-0
Unsere Homepage: www.thieme.de

Printed in Germany

Zeichnungen: Roland Geyer, Weilerswist
Umschlaggestaltung: Thieme Verlagsgruppe
Verwendete Fotos von: MEV Verlag Augsburg und www.fotolia.com
Satz: stm media + druckhaus köthen, Köthen
gesetzt aus Adobe InDesign CS5
Druck: Offizin Andersen Nexö Leipzig GmbH, Zwenkau
ISBN 978-3-13-146101-8 1 2 3 4 5 6

Wichtiger Hinweis: Wie jede Wissenschaft ist die Medizin ständigen Entwicklungen unterworfen. Forschung und klinische Erfahrung erweitern unsere Erkenntnisse, insbesondere was Behandlung und medikamentöse Therapie anbelangt. Soweit in diesem Werk eine Dosierung oder eine Applikation erwähnt wird, darf der Leser zwar darauf vertrauen, dass Autoren, Herausgeber und Verlag große Sorgfalt darauf verwandt haben, dass diese Angabe **dem Wissensstand bei Fertigstellung des Werkes** entspricht. Für Angaben über Dosierungsanweisungen und Applikationsformen kann vom Verlag jedoch keine Gewähr übernommen werden. **Jeder Benutzer ist angehalten,** durch sorgfältige Prüfung der Beipackzettel der verwendeten Präparate und gegebenenfalls nach Konsultation eines Spezialisten festzustellen, ob die dort gegebene Empfehlung für Dosierungen oder die Beachtung von Kontraindikationen gegenüber der Angabe in diesem Buch abweicht. Eine solche Prüfung ist besonders wichtig bei selten verwendeten Präparaten oder solchen, die neu auf den Markt gebracht worden sind. **Jede Dosierung oder Applikation erfolgt auf eigene Gefahr des Benutzers.** Autoren und Verlag appellieren an jeden Benutzer, ihm etwa auffallende Ungenauigkeiten dem Verlag mitzuteilen.

Anschriften

Thomas Ahne
Leimiweg 10
79289 Horben

Sieglinde Ahne
Leimiweg 10
79289 Horben

Prof. Dr. med. Michael Bohnert
Universitätsklinikum Freiburg
Institut für Rechtsmedizin
Albertstr. 9
79104 Freiburg

Vorwort

Nie hatte es im Rahmen des Medizinstudiums so viele „Aha-Erlebnisse“ gehagelt, wie im leider sehr kurz gehaltenen Blockpraktikum Rechtsmedizin. Ständig fielen uns aus unserer früher hauptberuflichen, jetzt nebenamtlichen Tätigkeit im Rettungsdienst Einsatzsituationen ein, in denen wir mit rechtsmedizinischen Grundkenntnissen andere Entscheidungen getroffen bzw. Maßnahmen ergriffen oder eben unterlassen hätten. Aus Unwissenheit bleiben jedoch viele mögliche Synergien für beide Gebiete leider meist ungenutzt.
Schnell war Prof. Bohnert davon überzeugt, dass man diesen Missstand gemeinsam angehen muss. Er vertrat im Folgenden die rechtsmedizinische Seite, wir die notfallmedizinische, und so konnten wir in einem konstruktiven Dialog die notfallmedizinisch relevanten Fakten der Rechtsmedizin zusammentragen – ohne die unabdingbare Fachkenntnis von Prof. Bohnert wäre das Buch schlichtweg nicht möglich gewesen. Dafür herzlichsten Dank!

Wir freuten uns sehr, dass es uns außerdem prompt gelang, den Thieme Verlag für unsere Idee zu begeistern. Frau Engeli, Frau Esmarch sowie Frau Addicks unterstützten uns unermüdlich bei der Verwirklichung des Projekts. Unser Dank gilt natürlich auch unseren Familien, die uns während der Erstellung des Manuskripts den Rücken frei gehalten und uns nach Kräften unterstützt haben. Auch unserer Tochter Alexa sei Dank, die in dieser Zeit geboren wurde, denn sie ertrug geduldig unzählige Stunden neben unseren Schreibtischen und musste sich viele Diskussionen bezüglich der Textentwürfe und unsere Gedankenspiele anhören.

Wir hoffen sehr, dass dieser Praxisleitfaden spürbar in der täglichen Arbeit dazu beitragen kann, nicht zuletzt im eigenen Interesse des Lesers, rechtlich fundiert zu handeln und die Kreuzungspunkte zwischen Notfall- und Rechtsmedizin zu erkennen und zu fördern, damit diese Gemeinsamkeiten künftig effektiver genutzt werden können.

Für konstruktive Kritik aus der Leserschaft sind wir jederzeit dankbar, denn sie trägt zur Weiterentwicklung dieses Projekts bei.

Horben im Frühjahr 2010
Thomas und Sieglinde Ahne

Inhalt

1 Verknüpfungen zwischen Notfall- und Rechtsmedizin

Im Verlauf des Medizinstudiums und während der praktischen Arbeit im Rettungsdienst wird immer wieder deutlich, dass viele Notfallmediziner nichts oder nur wenig über die Arbeit der Rechtsmediziner wissen. Jeder kennt zwar die einschlägigen Fernsehserien und in nicht wenigen Kinofilmen schubst der Rechtsmediziner den Notarzt an der Einsatzstelle quasi zur Seite – mit dem wahren Leben hat dies jedoch nichts zu tun. Tatsächlich gibt es aber erstaunlich viele Berührungspunkte der beiden Fachgebiete, von denen man im Rettungsdienst jedoch nur selten etwas mitbekommt, da in der Praxis die Kollegen aus den verschiedenen Bereichen meist nacheinander tätig werden, ohne sich persönlich zu begegnen. So bleiben viele möglichen Synergien für beide Gebiete oft ungenutzt.

Zügig war aus diesem Manko die Idee eines Praxisleitfadens geboren, denn damit lassen sich ergänzend zu Fortbildungsveranstaltungen viele Interessierte ansprechen, außerdem sind für den Leser die Fakten jederzeit wieder abrufbar.

Sicherlich werden die wenigsten Kollegen unser Buch in der Kitteltasche mitführen. Dennoch haben wir den Umfang mit Absicht auf das Taschenbuchformat beschränkt, weil wir kein neues rechtsmedizinisches Lehrbuch, sondern ein für notfallmedizinisch Tätige zugeschnittenes Buch mit den für sie relevanten Details schreiben wollten. Zudem sollte der Text kurz und prägnant sein, denn die Fortbildungszeit ist ja bekanntlich gerade im Gesundheitswesen knapp und erstreckt sich nicht selten auf die persönliche und bitter erkämpfte Freizeit.

Mit diesem Buch wollen wir alle in der Notfallmedizin Tätigen ansprechen – sowohl Ärzte als auch nichtärztliche Mitarbeiter; zur Vereinfachung wurde im Text oft der Begriff Arzt verwendet. Uns ist jedoch bewusst, dass eine Vielzahl der Patienten im deutschen Rettungswesen präklinisch gar nicht von einem Arzt gesehen werden. Daher sind auch für nichtärztliches Rettungsdienstpersonal im Grundsatz die gleichen Maßstäbe anzusetzen wie bei Ärzten. Lediglich die gesetzlichen Vorgaben sind für ärztliches Personal oft strikter, dafür sind die Kompetenzen weiter gefasst (zum Beispiel bei der Leichenschau).

Absolute Praxisrelevanz war die Vorbedingung für jedes Kapitel dieses Buches. Es gibt genügend Lehrbücher der Rechtsmedizin, doch beleuchten sie nicht die Schnittstelle mit der Notfallmedizin. Unser Ziel ist es, diese Lücke zu schließen. Für das Rettungsdienstpersonal spielt es keine Rolle, wie molekulargenetische Nachweismethoden im Einzelnen funktionieren oder welche Fliegenart zu welchem Zeitpunkt in einer bestimmten Region den Leichnam bevölkert, auch wenn das nicht selten in der Öffentlichkeit suggeriert wird. Dagegen ist es jedoch nahezu tagtäglich in der Notfallmedizin von Bedeutung, dass man die Tragweite von Verletzungen und die eventuell davon ausgehende Bedrohung für den Patienten möglichst genau einschätzen kann. Es ist einer der letzten Dienste an einem Menschen, eine suffiziente Leichenschau durchzuführen und festzulegen, welche Todesart im Einzelfall vorliegt. Immer wieder zeigen Untersuchungen, dass auch in Deutschland die Qualität der Leichenschau oftmals sehr zu wünschen lässt. Daher beginnt dieses Buch auch mit den zunächst „trocken" klingenden Kapiteln zu Thanatologie und Leichenschau. Gerade aber diese Inhalte sind für das Verständnis des gesamten Buches von großer Bedeutung, weshalb diese Kapitel eine zentrale Position einnehmen. Im Anschluss daran folgen dann ausgewählte Themen mit besonderem Bezug zur Notfallmedizin.

2 Thanatologie

Kasuistik
Sie erhalten 2 Stunden nach einem Einsatz, bei dem Sie eine ungeklärte Todesart festgestellt und die Polizei informiert hatten, einen Anruf von einem Beamten des Kriminaldauerdienstes. Er fragt Sie nach Ausprägung und Lokalisation der Leichenflecken und -starre während Ihrer Anwesenheit und ob Sie eine Aussage zur Todeszeit machen könnten. Berechtigterweise hatten Sie nur den Auffindezeitpunkt des Leichnams dokumentiert. Auf die Frage, ob die Lage des Leichnams verändert worden sei, weil es Unklarheiten bei der Verteilung der Leichenflecken gäbe, können Sie verunsichert keine Antwort geben, ebenso auf die Frage, wie Sie sich die Hautvertrocknungen am Hals des Toten erklären könnten.

2.1 Einleitung

Der Begriff Thanatologie stammt von thanatos, dem griechischen Wort für den Tod. Thanatologie bezeichnet die Wissenschaft von den Ursachen und Umständen des Todes. Dieses Kapitel hat die beiden Teilaspekte Leichenerscheinungen und die Todeszeitbestimmung als Schwerpunkte. Die Todeszeichen und Leichenerscheinungen haben direkten Einfluss auf die Aussagen bei jeder Todesfeststellung und Leichenschau und sollten daher jedem in der Notfallmedizin Tätigen bekannt sein.

2.2 Klassische Todeszeichen

Unter den klassischen Todeszeichen seien hier auch die sogenannten „sicheren Todeszeichen“ aufgeführt und erläutert.

Als erstes definitives Todeszeichen kommt es zur Ausprägung von Totenflecken, kurz darauf zur Leichenstarre. Im Verlauf deutlich später setzen dann zersetzende Vorgänge wie Autolyse, Fäulnis und Verwesung ein.

> Liegt eines oder mehrere dieser Zeichen in Verbindung mit Atem- und Herzstillstand vor, ist es nicht mehr indiziert, mit einer Reanimation zu beginnen. Auch nichtärztliches Personal kann sich auf diese Zeichen berufen.

Es gibt zwar anekdotische Einzelfallberichte über die Unzuverlässigkeit dieser Zeichen (Lazarus-Phänomen), bei genauerer Betrachtung dieser Befunde stellt man aber meist fest, dass entweder die Zeichen verkannt oder sie nicht in Zusammenhang gesetzt wurden. So gibt es beispielsweise Berichte über vermeintliche Totenflecken bei lebenden Personen mit sehr schlechten Kreislaufverhältnissen über längere Zeit hinweg. Dabei wäre aber bei genauerer Prüfung aufgefallen, dass kein kompletter Ausfall der Atem- und Herzfunktion vorlag und somit die Voraussetzungen für eine Todesfeststellung nicht erfüllt waren. Vorbestehende Kontrakturen der Muskulatur und generalisierte Hämatome wurden fälschlicherweise für Totenstarre oder Leichenflecken gehalten.

Totenflecken (Livores)

Totenflecken sind von besonderem Interesse, weil sie in der Regel als erstes Todeszeichen auftreten. Bedeutsam sind vor allem die Lokalisation, die Ausprägung, die Farbe sowie die Wegdrück- und Verlagerbarkeit der Livores.

Entstehung

Nach Eintritt des Kreislaufstillstandes beginnen die festen Blutbestandteile (also vor allem die Erythrozyten) langsam gemäß der Schwerkraft abzusinken. Es kommt zu einer Blutfülle der abhängigen Blutgefäße, äußerlich sichtbar an den durch die Haut hindurch schimmernden Kapillaren der Lederhaut.

Die zunächst sichtbaren kleinen fleckförmigen Veränderungen der Haut konfluieren rasch zu größeren geröteten Flächen. Reißen infolge der Blutfülle kleine Kapillaren ein, entstehen kleine fleckförmige Blutungen, die als Vibices bezeichnet werden.

Cave
Besteht agonal, also vor Todeseintritt, eine länger anhaltende Kreislaufinsuffizienz, können ebenfalls derartige Hautveränderungen auftreten, die dann einen länger zurückliegenden Todeseintritt vortäuschen können. Diese Kirchhof-Rosen genannten Erscheinungen entstehen ebenfalls durch die Hypostase im Blutgefäßsystem und sind auch an den typischen Körperregionen lokalisiert. Deshalb sollte sich keine Todesfeststellung allein auf das Vorhandensein von Leichenflecken stützen, sondern immer durch andere Zeichen bestätigt werden.

Lokalisation

Entsprechend der Körperhaltung des Verstorbenen in der ersten Zeit nach Todeseintritt kommt es zu einer typischen Lokalisation und Verteilung der Livores. Liegt der Verstorbene beispielsweise auf dem Rücken, ist schwerpunktartig zunächst die Körperrückseite betroffen (Abb. 2.**1**). Ausgespart bleiben alle Aufliegeflächen wie die entsprechenden Hautstellen im Bereich des Schulterblatts und des Beckens sowie des Hinterkopfes und der Ferse.

Anfänglich kann durch Umlagerung die Ausprägung der Leichenflecken noch verändert werden und sie lassen sich auch manuell, beispielsweise mit dem Finger, wegdrücken. Beide Phänomene verschwinden mit der Zeit, so dass dadurch Rückschlüsse auf eine kurz nach Todeseintritt erfolgte Umlagerung oder auf die Todeszeit möglich sind.

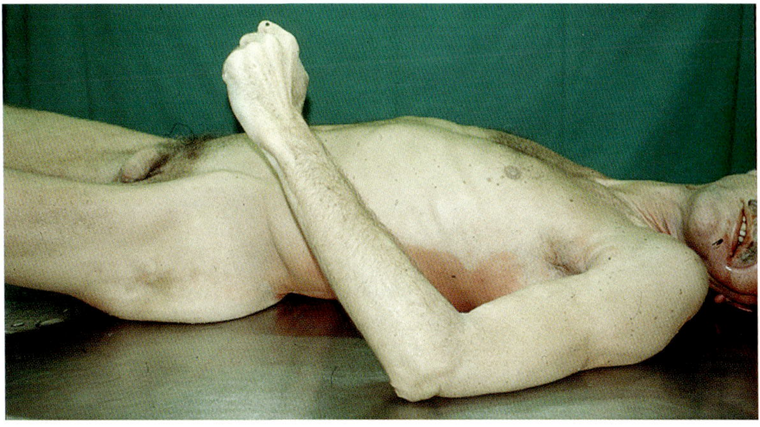

Abb. 2.**1** Für die Rückenlage typische Verteilung der Totenflecken. Die Totenstarre ist in Beugehaltung des Ellenbogens eingetreten.

2

Farbe

Ein weiterer wichtiger Aspekt ist die Farbe der Leichenflecken. Zunächst erscheinen sie hellrot und gehen dann durch die Sauerstoffzehrung in eine dunklere blaue bis lila Ausprägung über. Von diesem normalen Verlauf gibt es Abweichungen, die es jedoch zu beachten gilt:

Anhaltend hellrote Leichenflecken. Diese Besonderheit ist häufiger zu beobachten, wenn die Leiche in der Kälte gelagert wird (Abb. 2.**2**), und lässt sich durch eine Sauerstoffaufnahme durch Diffusion durch die Haut erklären. Begünstigt wird dieser Effekt dadurch, dass bei Kälte die Sauerstoffdissoziationskurve nach links verschoben und somit die Sauerstoffaufnahme erleichtert ist.

Von größerer Bedeutung ist es jedoch für alle Beteiligten, wenn die hellroten Flecken durch Kohlenmonoxid (CO) entstanden sind. Ist die CO-Quelle noch nicht entdeckt (vor allem bei Verbrennungsvorgängen in sauerstoffarmer Umgebung), besteht eine anhaltende große Gefahr für alle Anwesenden am Einsatzort. Deshalb sind diese Hautveränderungen bis zum Beweis des Gegenteils als Warnhinweis zu verstehen, von der obligat unnatürlichen Todesart ganz abgesehen. Man weiß jedoch, dass kirschrote Leichenflecken bei

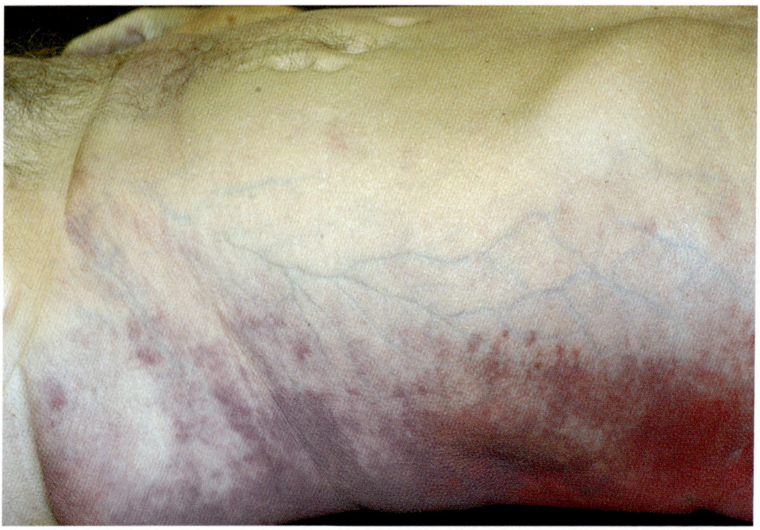

Abb. 2.**2** Zonierte Totenflecken an der seitlichen Rumpfpartie. Im unteren Anteil livide gefärbt, im oberen Anteil hellrote Färbung infolge postmortaler Kälteexposition.

bis zu über 40% der CO-Vergiftungen nicht erkannt werden. Je älter der Verstorbene wurde, desto eher werden die Erscheinungen verkannt und darauf nicht adäquat reagiert.

Die Flecken bleiben hellrot, weil das CO mit einer höheren Bindungsaffinität an Hämoglobin bindet als Sauerstoff, aber das Blut in der gleichen Farbe erscheinen lässt (bekanntes Problem bei der Pulsoxymetrie) und eben nicht wie oxigeniertes Hämoglobin entsättigt.

Auch bei Aufnahme von Zyaniden (gehemmte Cytochromoxidase erhält oxidiertes Blut) und Fluoracetat, also einer ebenfalls unnatürlichen Todesart, bilden sich zu hell erscheinende Leichenflecken.

Braune Leichenflecken. Sie entstehen bei Vorliegen aller Arten von Methämoglobinbildnern wie Nitraten, Nitriten oder Natriumchlorat. Auch hier kann eine natürliche Todesart nahezu ausgeschlossen werden.

Grünlich erscheinende Leichenflecken. Sie sind meist Zeichen einer beginnenden Fäulnis. Diese wird in einem separaten Abschnitt dieses Kapitels besprochen (siehe S. 9).

Totenstarre (Rigor mortis)

Ein weiteres klassisches, wenn auch nicht sicheres Todeszeichen, ist die Totenstarre, die sich etwa 3–4 Stunden nach Todeseintritt ausbildet (vgl. Abb. 2.**1**). Die Ausprägung der Totenstarre ist abhängig von:

- Temperatur
- metabolischem Zustand der Muskulatur und Ernährungszustand
- Lagerung nach Todeseintritt

Die Totenstarre entsteht durch die Verarmung der Muskulatur am molekularen Energieträger ATP (Adenosintriphosphat). ATP ist zur Lösung der miteinander verhakten Aktin- und Myosinfilamente notwendig. Nach Todeseintritt erlischt die physiologische Möglichkeit der ATP-Produktion in den Mitochondrien durch die Atmungskette. Geringe ATP-Mengen können aber kurzfristig noch durch die Kreatinkinasereaktion und anaerobe Glykolyse sowie Ausschöpfung des Glykogenvorrats synthetisiert werden. Deshalb kommt es nicht sofort zur muskulären Starre, sondern erst, wenn auch die letzten ATP-Vorräte verbraucht sind. Ist der Glykogenspeicher bereits vorher erschöpft – man denke exemplarisch an einen plötzlichen Herztod bei einem Marathonläufer –, so tritt die Totenstarre deutlich früher ein. Bedingt durch unterschiedliche Energiereserven und Energiebedarf stellt sich die Starre nicht an allen Muskeln gleichzeitig ein, auch nicht bei allen Muskelfasergruppen innerhalb eines Muskels.

In Abhängigkeit von der Umgebungstemperatur löst sich die Totenstarre nach 2–3 Tagen (normale Zimmertemperatur) bis zu über einer Woche (Kühlkammer). Dies beruht nicht auf energiegeladenen Adenosinphosphaten, sondern ist durch die fortschreitende Proteolyse bedingt.

Es gibt mehrere, zum Teil schwer nachvollziehbare, subjektive und zudem von der körperlichen Konstitution des Untersuchers abhängige Beschreibungen der Totenstarre. So wird beispielsweise zwischen leichter, beginnender, mittlerer, voller, nachlassender und schwacher Starre unterschieden. Bei einem muskelstarken Erwachsenen gelingt es dem Untersucher nur schwer, eine Starre in voller Ausprägung zu brechen, zu Beginn und am Ende fällt es deutlich leichter.

Von gutacherlichem Nutzen kann es sein, wenn man die Totenstarre exemplarisch an einer Muskelgruppe/Extremität bricht und dann im Verlauf beobachtet, ob sie wieder einsetzt. Bildete sich die Totenstarre erst aus, so wird sie sich teilweise nach manueller Lösung wieder ausbilden. Ist das Maximum der Ausprägung überschritten, bleibt die gelöste Muskelgruppe locker.

Die Totenstarre entwickelt sich nach initialer Erschlaffung der Muskulatur, so dass die Position des Leichnams zum Untergrund passen sollte. Zeigt sich dies in der Auffindesituation nicht, so muss an der Vermutung Auffindeort = Sterbeort gezweifelt werden. Beispielsweise wäre eine in Hüfte und den Knien um 90° abgewinkelte Haltung für einen Todeseintritt im Liegen eher ungewöhnlich.

Cave
Gerade bei älteren Menschen sind vorbestehende Kontrakturen des Bewegungsapparates nicht selten und können in solchen Situationen für Verwirrung sorgen. Als weitere Besonderheit ist anzuführen, dass bei Todeseintritt in der Hand gehaltene Gegenstände fixiert werden können.

Autolyse, Fäulnis, Verwesung

Autolyse

Unter Autolyse versteht man die Wirkung hydrolytischer Enzyme aus den Lysosomen der Zelle. Einfach gesagt, verdaut sich der Organismus selbst. Bei der Autolyse gibt es keine Beteiligung durch Mikroorganismen. Am meisten sind davon die Gewebe betroffen, die eine hohe Enzymausstattung und wenig Bindegewebe haben. Deshalb ist diese Form der Leichenveränderung für notfallmedizinisches Personal eher weniger von Bedeutung, da man die Veränderungen nicht oder nur kaum bei der äußeren Inspektion erkennen kann. Lediglich die durch autolytische Hämolyse hervorgerufene Rotverfärbung der Gefäßwände kann sichtbar sein.

Fäulnis

Als Fäulnis bezeichnet man die anaerob-bakterielle Leichenzersetzung. Die Autolyse sorgt für ein optimales Milieu für anaerobe Mikroorganismen. Zu Lebzeiten verhinderten für Anaerobier ungünstige Verhältnisse (hohe Sauerstoffkonzentration, physiologischer pH-Wert, Immunsystem etc.) die Ausbreitung dieser Mikroorganismen.

Die Fäulnis sorgt für die eindrucksvollsten und offensichtlichen Leichenerscheinungen. Zunächst kommt es meist ausgehend vom rechten Unterbauch zu einer grünlichen Verfärbung der Bauchdecke (Abb. 2.**3**), danach zum sogenannten „Durchschlagen des Venennetzes", einer braun-grünen Verfärbung der Haut über den Hautvenen (Abb. 2.**4**). Typisch für die Fäulnis-Mikroorganismen ist eine übel riechende Gasbildung, die im Verlauf das Aussehen des Toten

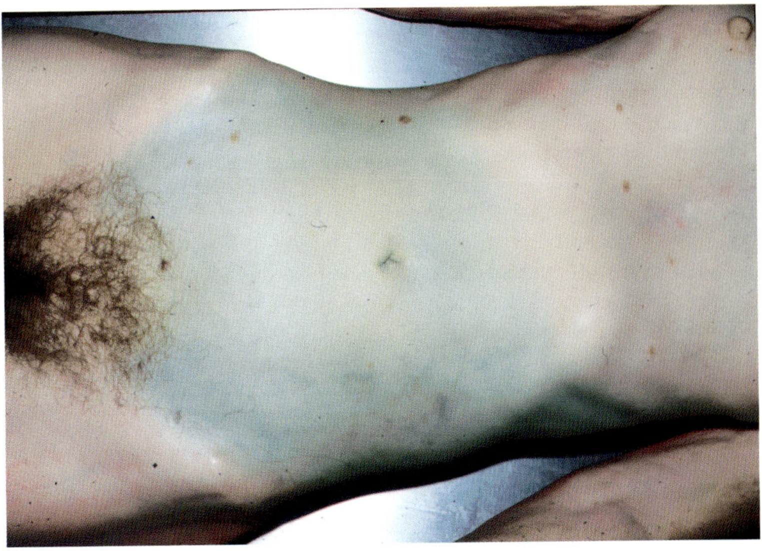

Abb. 2.**3** Beginnende Fäulnis: Grünverfärbung der Bauchhaut.

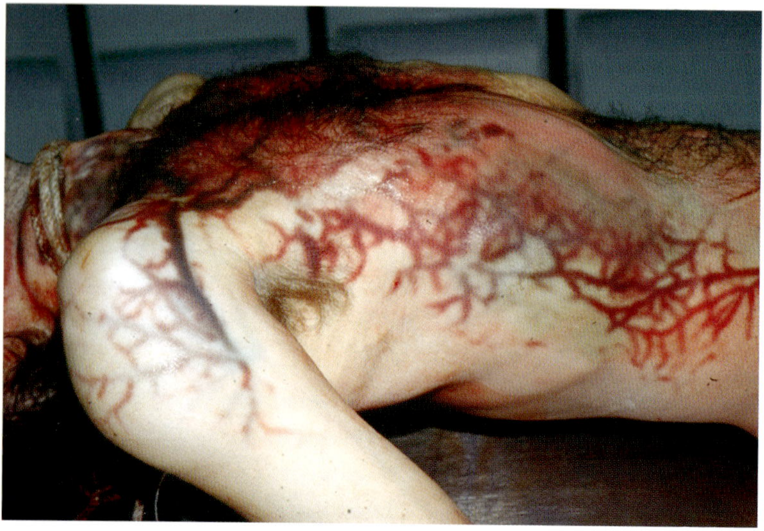

Abb. 2.**4** Durchschlagen des Venennetzes am Rumpf eines Erhängten.

maßgeblich verändert: Überall im Körper sammelt sich das Fäulnisgas an, der Bauch, ebenso Brust, Skrotum und Penis treiben massiv auf. Auch die Arme und Beine füllen sich mit Gas und wirken daher abgespreizt. Die hohen Gasmengen führen zu einem massiven Druckanstieg in den Geweben, was wiederum Flüssigkeiten an die Körperoberfläche drückt. Dadurch kommt es zur Abhebung der Oberhaut und zur Entstehung von mit Flüssigkeit und Gas gefüllten Hautblasen (Abb. 2.**5**) oder zum Austritt von Flüssigkeit (die nicht selten mit Blut verwechselt wird und deshalb Anlass für forensische Überlegungen ist). Auch innerhalb des Körpers zeigen sich typische Befunde, wie zum Beispiel die sogenannten „Schaumorgane". Diese Veränderungen sind jedoch für Notfallmediziner nicht von Relevanz und werden daher hier nicht näher beschrieben. Im Stadium der Fäulnis fällt es dem Untersucher auch leicht, Haare oder Nägel auszuziehen, was jedoch nicht Bestandteil einer normalen Leichenschau sein sollte.

Verwesung

Im Verlauf der weiteren Zersetzung gelangt vermehrt wieder Sauerstoff in tiefer gelegene Gewebsregionen und ermöglicht dort das Wachstum von aeroben Bakterien, die die anaeroben Bakterienarten dort schnell ablösen. Auch

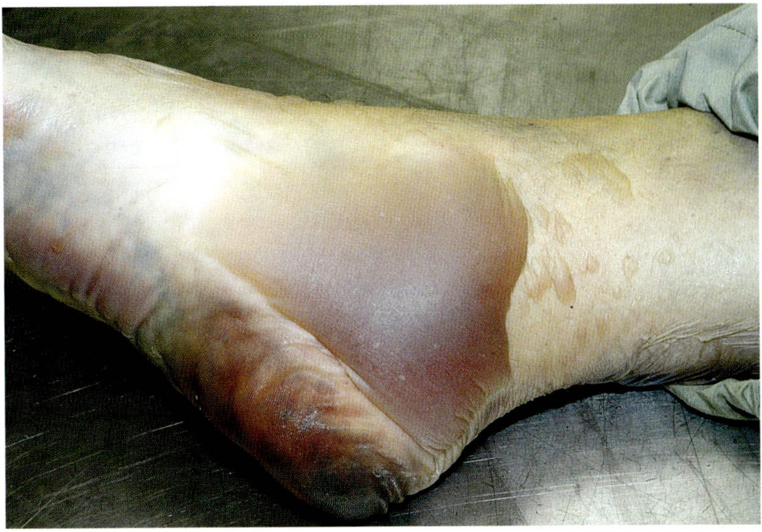

Abb. 2.5 Fäulnis: blasige Abhebung der Oberhaut am Knöchel.

Pilze finden adäquate Wachstumsbedingungen. Der Leichnam erscheint in der Folge nicht mehr schwammig-wässrig, sondern eher trocken und eingefallen.

2.3 Weitere Leichenerscheinungen

Auskühlung

Nach Todeseintritt kommt es zu einer Auskühlung des Leichnams. Anders als zumeist gedacht, besteht in den ersten 2,5 Stunden ein postmortales Temperaturplateau. In dieser Zeit fällt die Körperkerntemperatur nur wenig ab, danach kommt es zu einer Abkühlung von ca. 0,5–1,5 °C pro Stunde, so dass grafisch betrachtet ein sigmoider Verlauf entsteht.

> Gemessen wird die Körperkerntemperatur mit einem speziellen Thermometer, das mindestens 8 cm tief in das Rektum eingeführt werden muss.

Die oben genannten Zahlen beziehen sich auf einen unbekleideten trockenen Leichnam ohne Einwirkungen durch Wind. Die Auskühlungsgeschwindigkeit ist von einer Vielzahl von Faktoren abhängig, exemplarisch seien hier genannt:

Bekleidungszustand, Dicke der Kleidung oder anderer Isolationsschichten (Decke o. ä.), Umgebungstemperatur, Witterung, Auflagefläche, Feuchtigkeit, Körperkonstitution, Körperhaltung etc.

Angesichts dieser vielen Einflussfaktoren fällt es nicht leicht, von der Körperkerntemperatur auf die Todeszeit zu schließen, dies ist nur mithilfe einer komplexeren mathematischen Gleichung oder eines Normogramms möglich. Dazu benötigt man die Körperkerntemperatur, die Außentemperatur und das Gewicht des Toten. Spezielle äußere Umstände, wie die oben genannten, gehen als Korrekturfaktoren in die Berechnung mit ein. Diese Todeszeitfeststellung ist somit praktisch der Rechtsmedizin vorbehalten und man kann diese Methode in Ermangelung von technischen Hilfsmitteln, genügend Zeit und Erfahrung nicht von Notfallmedizinern verlangen.

Konservierende Prozesse

Da sie notfallmedizinisch nicht relevant sind, seien diese Prozesse nur kurz der Vollständigkeit halber erwähnt.

Bei einem raschen Wasserverlust des Leichnams können die „normalen" Vorgänge der Leichenzersetzung durch Bakterien etc. nicht ablaufen. Es

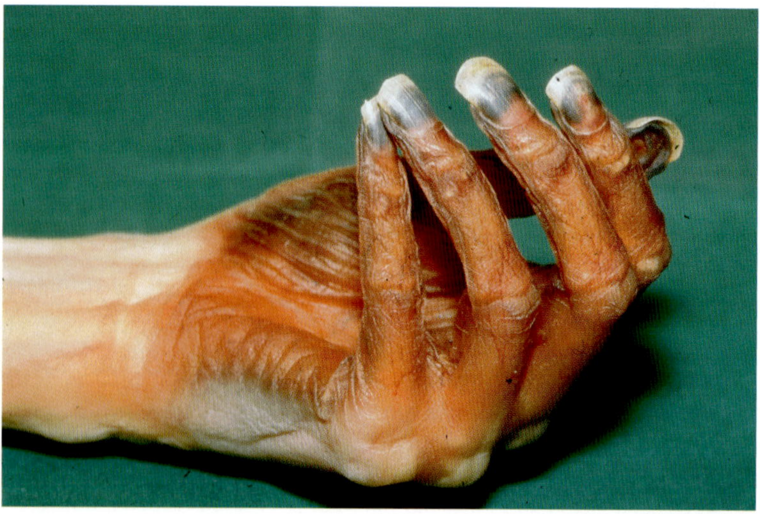

Abb. 2.**6** Mumifizierung der Hand: Vertrocknung und Schrumpfung von Haut und Weichteilen.

kommt durch Austrocknung des Gewebes zur **Mumifizierung** mit lederartigem Erscheinungsbild (Abb. 2.**6**). Diese Veränderungen benötigen verhältnismäßig viel Zeit, die vollständige Ausprägung bildet sich über Monate hinweg aus. Nicht zu verwechseln ist die Mumifizierung mit kleineren Hautvertrocknungen, die häufig bereits relativ kurze Zeit nach Todeseintritt auftreten können und deren Form und Lokalisation vom Untersucher immer dokumentiert werden sollten.

In feuchter Umgebung, verbunden mit eher niedrigen Temperaturen kommt es ebenfalls über viele Monate hinweg zur sogenannten **Fettwachsbildung**. Dabei zersetzen Bakterien das Körperfett und wandeln es durch Hydrierung in eine feste, wachsartige Form um.

Auch durch längeres Liegen im **Frost** (Permafrostleichen wie der berühmte Ötzi), im Moor (Luftabschluss und sehr feuchtes Milieu), bei **hoher Salzkonzentration** oder anderweitigem **Luftabschluss** kommt es nicht zur gewöhnlichen bakteriellen Zersetzung, sondern lediglich zur Autolyse. Aufgrund dieser Konservierungsprozesse wird die Zeit zwischen Todeseintritt und Auffinden des Toten häufig unterschätzt.

Supravitale Erscheinungen

Bei den supravitalen Erscheinungen handelt es sich um aktive Körpervorgänge noch nach Eintreten des Todes. Praktische Anwendung finden diese Phänomene bei der Feststellung der Todeszeit (s. u.).

Jeder kann einfach prüfen, ob es nach mechanischer Reizung der Skelettmuskulatur zu einer Erregung derselben kommt. Ähnliche Muskelkontraktionen (vor allem der mimischen Muskulatur) lassen sich auch elektrisch oder pharmakologisch (Irismuskulatur) auslösen, was eine genauere zeitliche Abstufung möglich macht. Dazu benötigt man jedoch spezielle Geräte bzw. Medikamente, die in der Notfallmedizin nicht zur Verfügung stehen und dort auch keinen Sinn machen würden.

Cave

Durch die mechanische Reizung der Muskulatur kann es zu kleineren, aber unter Umständen deutlich sichtbaren (vor allem im Rahmen der Obduktion) Blutaustritten in die Muskulatur und das subkutane Fett kommen. Diese Blutansammlungen könnten bei der Obduktion leicht mit Hämatomen und somit ggf. mit einer Fremdeinwirkung vor Todeseintritt verwechselt werden. Deshalb sind solche Tests, wenn man sie denn im Rahmen der Leichenschau durchführt, mit Lokalisation, Anzahl der Reizungen und deren Muskelantwort sowie einer exakten Zeitangabe zu dokumentieren.

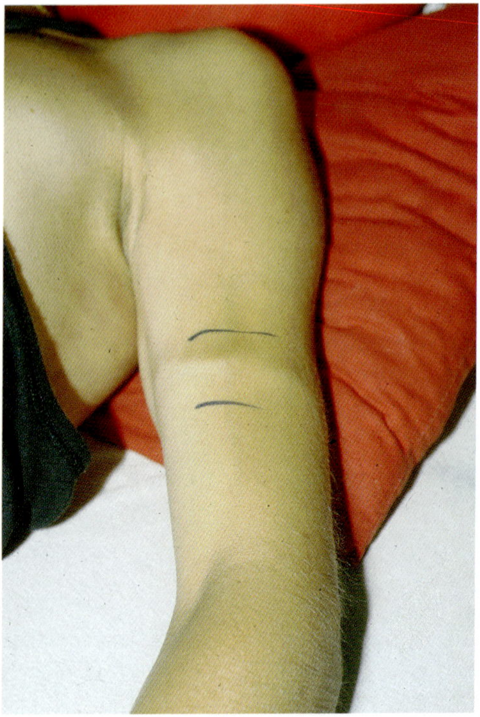

Abb. 2.7 Idiomuskulärer Wulst: Die mechanische Reizung des linken Bizeps-Muskels durch kräftiges Beklopfen mit einem länglichen Gegenstand führt zu einer Kontraktion der Muskelfasern, die äußerlich sichtbar wird. Zur Abgrenzung gegenüber vital entstandenen Verletzungen empfiehlt es sich, die beklopfte Region zu markieren.

Die mechanische Reizung kann mit dem Reflexhammer oder einem anderen stabförmigen Gegenstand durch Beklopfen der Muskulatur durchgeführt werden. Mögliche Untersuchungsorte sind:

- Oberschenkel, wenige Zentimeter oberhalb der Patella
- Bizepsmuskel am Oberarm
- am Rücken neben der Wirbelsäule

Folgende Reaktionen können auftreten:

- Kurz nach Eintritt des Todes (1,5–2,5 Stunden) kommt es nach der Reizung zu einer Muskelkontraktion über den Muskel hinweg (**Zsako'sches Muskelphänomen**).
- Danach bildet sich bis ca. 5 Stunden nach Eintritt des Todes ein kräftiger sogenannter **idiomuskulärer Wulst** (Abb. 2.7) am Ort der mechanischen Reizung, der jedoch reversibel ist.
- Bis zu 10 Stunden post mortem kann noch ein schwacher idiomuskulärer Wulst erzeugt werden, der aber dann länger (bis zu 24 Stunden) anhält.

Insektenbefall, Tierfraß

Fliegeneier und -maden

Bereits vor Eintritt des Todes können Fliegen ihre Eier auf dem menschlichen Körper ablegen (Abb. 2.**8**), allerdings verhindern hygienische Maßnahmen und die Integrität des Integuments (vor allem der Haut) eine weitere Entwicklung.

Ein Generationszyklus der üblichen Haus- und Stubenfliegenarten dauert ca. 3–5 Wochen. In dieser Zeit durchlaufen die Insekten eine feste Abfolge an Entwicklungsschritten. Daher kann man mit etwas geübtem Auge anhand der am weitesten fortgeschrittenen Entwicklungsstufe der Fliege sehr schnell Angaben zum (ziemlich) groben Todeszeitpunkt machen (in Wochen oder Tagen). Nicht nur wegen der Todeszeitbestimmung werden mitunter während

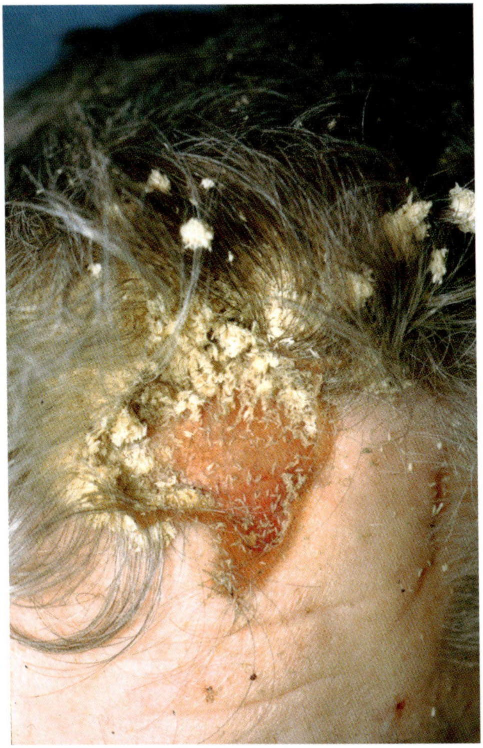

Abb. 2.**8** Zahlreiche Fliegeneigelege neben einem Hautdefekt an der Stirn-Haar-Grenze.

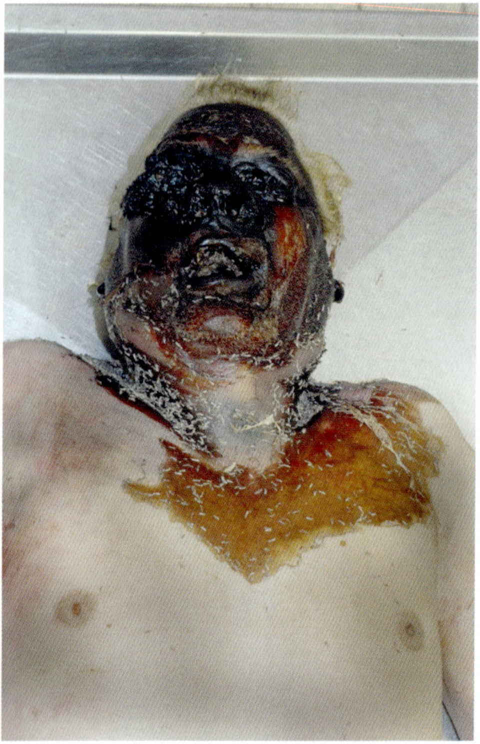

Abb. 2.**9** Postmortaler Befall mit Fliegenmaden an Kopf, Hals und oberem Brustkorb. Die schwarzbraune Verfärbung der Haut ist Folge der von den Maden sezernierten Verdauungsenzyme.

der rechtsmedizinischen Untersuchung die unterschiedlichen Arten und Entwicklungsstufen der vorgefundenen Insekten in Alkohol eingelegt und somit konserviert. Anhand der genauen Spezies kann ein Sachverständiger auch zu einem späteren Zeitpunkt Aussagen dazu machen, ob der Auffindeort dem vermeintlichen Tatort entspricht, indem er überprüft, ob es die vom Leichnam abgesammelten Insekten dort überhaupt gibt.

Notfallmedizinisches Personal muss sich aber nicht mit solchen Fragestellungen befassen, da zwischen Auffindezeitpunkt und erstem rechtsmedizinischem Kontakt zum Leichnam nicht mehr viel Zeit vergeht und somit der Insektenbefall nicht verfälscht wird. Man beachte jedoch, dass proteolytische Enzyme der Fliegenlarven zu einem Gewebszerfall führen (Abb. 2.**9**), was ohne die Gegenwart der Larven (beispielsweise durch voreilige Reinigung des Leichnams) mit prämortalen Hautveränderungen verwechselt werden könnte.

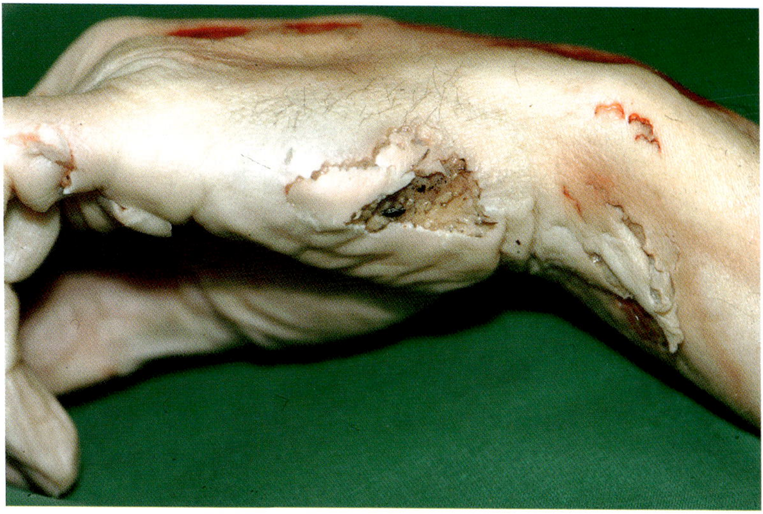

Abb. 2.**10** Hautdefekte an Hand und Unterarm mit charakteristischer, zackiger bis bogiger Begrenzung, ohne begleitende Blutungen der Weichteile: postmortaler Tierfraß durch Nager.

Tierfraß

Nicht selten kommt es auch bereits kurze Zeit nach Todeseintritt zu Tierfraß. In geschlossenen Wohnungen sind es in der Regel die Haustiere der Verstorbenen, außerhalb der eigentlichen Wohnung (beispielsweise in Kellerräumen und Dachstühlen) oftmals Mäuse oder Ratten (Abb. 2.**10**). In Waldgebieten hinterlassen Wildtiere wie beispielsweise Füchse entsprechende Fraßspuren. Auch im Wasser kommt es rasch durch Fische zu tierfraßtypischen Veränderungen. Für Notfallmediziner ist es wichtig, diese postmortalen Veränderungen nicht mit Verletzungen vor Todeseintritt zu verwechseln – hierüber gibt es häufig Unsicherheiten. Besonderes Augenmerk ist auf die Lokalisation und die Form sowie die Anzahl dieser „Wunden“ zu legen.

2.4 Todeszeitbestimmung

In Filmproduktionen gelingt es dem pfiffigen Rechtsmediziner meist unmittelbar am Auffindeort, innerhalb weniger Minuten die Todeszeit auf den Moment genau zu bestimmen. Dies hat leider nichts mit der Realität zu tun. Für die einzelnen postmortalen Veränderungen lassen sich stets nur grobe

Tabelle 2.1 Leichenerscheinungen, die zur Abschätzung der Todeszeit herangezogen werden können.

Leichenflecken	
Beginn	15–20 Minuten p. m.
Konfluieren der Flecken	1–2 Stunden p. m.
Ausbildung abgeschlossen	ca. 7 Stunden p. m.
Umlagerbarkeit	bis ca. 10 Stunden p. m.
Wegdrückbarkeit (Daumendruck):	10–20 Stunden p. m.
Totenstarre	
Behinderung der Kieferbeweglichkeit	2–4 Stunden p. m.
Volle Ausprägung	ca. 7 Stunden p. m.
Erneute Ausbildung einer Starre nach manueller Brechung	bis 8 Stunden p. m.
Beginn der Lösung	2 Tage p. m.
Vollständige Lösung	4 Tage p. m.
Augen	
Hornhauttrübung bei offenen Augen:	45 Minuten p. m.
Bandförmige bräunliche Vertrocknungen („tache noir") bei offenen Augen	1–2 Stunden p. m.
Hornhauttrübung bei geschlossenen Augen:	24 Stunden p. m.
Fäulnis	
Casper'sche Regel	1 Woche Luft ≙ 2 Wochen Wasser ≙ 8 Wochen Erdgrab
Grünverfärbung der Bauchdecke	1–2 Tage p. m.
Grünverfärbung auch anderer Körperregionen, Fäulnisflüssigkeit (rötlich, schaumig) vor dem Mund, Durchschlagen des Venennetzes	3–5 Tage p. m.
Ganzer Körper grün gefärbt, beginnende Gasblähung (Bauch, Hodensack), Haare ausziehbar	8–12 Tage p. m.
Gasblähung des ganzen Körpers, z. T. aufgeplatzte Blasen, Fingernägel ausziehbar	bis zu 20 Tage p. m.
Supravitale Erscheinungen	
Fortgeleitete Kontraktion (Zsako'sches Muskelphänomen)	1,5–2,5 Stunden p. m.
Kräftiger, aber reversibler idiomuskulärer Wulst	bis ca. 5 Stunden p. m.
Schwächerer, aber länger anhaltender idiomuskulärer Wulst	bis ca. 10 Stunden p. m.

Zeiträume definieren, da sie von vielen Umgebungsfaktoren abhängen und es große interindividuelle Schwankungen gibt. Man denke beispielsweise an die unterschiedlichen Einwirkungen auf eine Leiche, je nachdem, ob sie bei 25 °C auf einem Steinboden in der Sonne oder in einem kühlen Kellerraum liegt.

Als Notarzt sollte man sich bei einem unnatürlichen oder ungeklärten Todesfall nicht von den Ermittlungsbehörden dazu drängen lassen, genaue Aussagen zur Todeszeit zu treffen, auch wenn der Fahndungsdruck natürlich dazu verleitet. Es nützt auch der Polizei/Staatsanwaltschaft nichts, wenn man durch eine falsche Todeszeitangabe die Ermittlungen unter Umständen behindert oder verfälscht. Zudem sollte man in solch einem Fall die Leiche nicht ausgiebig untersuchen, damit Spuren nicht verwischt werden.

Dennoch sollte jeder Arzt die natürliche Abfolge der Leichenerscheinungen kennen, damit er bei natürlichen Todesfällen eine grobe Aussage zum Todeszeitpunkt machen oder Aussagen Dritter zur vermeintlichen Todeszeit hinterfragen kann. In Tab. 2.**1** sind als grobe Richtschnur für die Todeszeitbestimmung einige Faustregeln genannt, die sich auf die Leichenerscheinungen bei Raumtemperatur ohne besondere Witterungseinwirkung beziehen.

Die Auskühlung kann man als Notfallmediziner nicht verwerten, weil die notwendigen technischen Mittel in der Regel nicht zur Verfügung stehen (weder ein Thermometer für die Messung der Körperkerntemperatur – die Messung im Ohr etc. ist nicht verwertbar – noch ein geeichtes Thermometer für die Raumtemperatur). Besondere subjektive Einschätzungen können natürlich dokumentiert werden („auffallend warme Raumtemperatur bei voll aufgedrehter Heizung“).

Bevor man falsche Aussagen trifft, sei empfohlen, die gemachten Beobachtungen zu dokumentieren, aber nicht zu interpretieren. Ebenso kann man auf den in den meisten Bundesländern verwendeten Formularen anstatt der Todeszeit auch lediglich den Auffindezeitpunkt oder den Zeitpunkt angeben, an dem der Verstorbene zuletzt lebend gesehen wurde.

Ziel der Überlegungen muss sein, ob alle Angaben mit den Beobachtungen zusammenpassen und schlüssig sind. Ist dies nicht der Fall, ist der Todesfall als ungeklärt zu deklarieren und somit die Polizei zu informieren, die sich dann beim zuständigen Rechtsmedizinischen Institut Expertenrat einholen kann.

3 Die Leichenschau

Kasuistik

Sie werden als Notarzt in eine Einfamilienhaussiedlung gerufen, das Einsatzstichwort lautet „bewusstlose Person". Sie finden in einer bürgerlichen Wohnung auf dem Boden des Flures einen ca. 70 Jahre alten Mann auf dem Rücken liegend vor. Der Mann hat weder Atmung noch Puls, Ihnen fallen sofort die kalte Haut sowie beginnende Leichenflecken im Gesicht (mit Aussparung der linken Stirn) und der vorderen Halsregion auf, ebenso eine Abrinnspur rötlicher Flüssigkeit aus dem linken Mundwinkel. Sie teilen der Sie alarmierenden Ehefrau mit, dass ihr Gatte verstorben ist. Nach einigen Minuten der Fassungslosigkeit fragt Sie die Frau, was nun zu tun sei und ob Sie die Leichenschau übernehmen könnten, denn ihr Mann sei schon jahrelang nicht mehr zu einem Arzt gegangen.

Wie gehen Sie vor? Todesfeststellung oder Leichenschau? Natürliche oder unnatürliche Todesart? Gibt es bei der Auffindesituation Besonderheiten?

3.1 Einleitung

Laut Statistischem Bundesamt verstarben 2007 in der Bundesrepublik Deutschland 827155 Personen, bei 3,7% (30650) wurde eine unnatürliche Todesart festgestellt; dabei führten die Unfälle vor Suiziden und Tötungsdelikten. Es gibt jedoch Kritik an dieser staatlich erhobenen Statistik, denn man muss annehmen, dass der Anteil der unnatürlichen Todesfälle deutlich unterrepräsentiert ist. Jedoch liegt diese Fehlklassifikation nicht am Statistischen Bundesamt, das lediglich die dokumentierten Todesarten und -ursachen auswertet, sondern vielmehr an der Kategorisierung des die Leichenschau durchführenden Arztes.

Leider ist es ein schon lange bestehendes Problem, dass die ärztliche Leichenschau und die Ausstellung der dazu gehörenden Dokumente oftmals nicht sachgerecht erfolgen. So kommt es zu fehlerhaften Angaben zur Todesart, Todesursache und Todeszeit, häufig einhergehend mit einer inadäquaten Ausführung der körperlichen Untersuchung. Ursächlich für diese Missstände ist eine mangelnde ärztliche Aus- und Fortbildung in diesem Sektor ärztlichen Handelns.

Notärzte haben durch die Natur ihrer Tätigkeit, nämlich akut bedrohtes Leben in einem größeren Einzugsbereich zu retten, noch mehr Schwierigkeiten bei der Ausführung wie der langjährige betreuende Hausarzt. Trotzdem ist der Notarzt dazu verpflichtet, wahrheitsgetreue und belegbare Aussagen zu treffen. Doch wie verhält man sich nun als Notfallmediziner in solch einer Situation fachlich korrekt?

Wie schwer eine richtige Todesursachenfeststellung ohne Obduktion ist, zeigt eine Ende der 1980er Jahre in Görlitz durchgeführte Studie, bei der in 47 % der Fälle der Obduktionsbefund mit der zuvor festgestellten Todesursache nicht übereinstimmte. Man weiß, dass selbst häufige Erkrankungen wie der Myokardinfarkt in über 20 % nicht oder falsch erkannt werden.

Die Leichenschau wird in den Bestattungsgesetzen der Bundesländer geregelt, es ist also leider nicht möglich, für ganz Deutschland exakt zutreffende Aussagen zu machen – die Prinzipien sind aber verständlicherweise sehr ähnlich. Als Beispiel finden Sie Informationen der Ärztekammer Baden-Württemberg im Anhang auf Seite 189.

Prinzipiell ist jeder approbierte Arzt grundsätzlich zu einer Leichenschau verpflichtet. Demnach wäre auf Wunsch, beispielsweise der Angehörigen, auch der Notarzt dafür zuständig. Interessanterweise ist diese Tätigkeit nicht in den meisten Rettungsdienstgesetzen verankert und somit nicht offiziell geregelt. Zudem gilt es nach Feststellung des Todeseintritts die Einsatzbereitschaft des Notarztes für seine originären Aufgaben, nämlich die Notfallversorgung vital bedrohter Patienten, rasch wieder herzustellen. Deshalb wurde für Notärzte in zahlreichen Bundesländern die Möglichkeiten geschaffen, lediglich auf einem eigenen Formular die Todesfeststellung zu attestieren und die eigentliche ausführliche Leichenschau einem anderen Arzt zu überlassen (beispielsweise Hausarzt oder kassenärztlichem Notdienst). Trotz dieser Möglichkeit sollte jeder Notarzt adäquate Kenntnisse über die ärztliche Leichenschau haben, da er diese Tätigkeit ja unter Umständen übernehmen muss. Das sicherlich größte Problem für den Notarzt bei der Feststellung der Todesursache und Todesumstände ist die Tatsache, dass er in der Regel den Toten mit seiner Krankheitsgeschichte und Lebensumständen nicht kennt und sich auf anamnestische Angaben sowie die vorgefundene Situation verlassen muss. Gerade unter diesen schwierigen Umständen ist es wichtig, die Leichenschau dank ausreichender Kenntnisse adäquat durchführen zu können.

3.2 Rechtliche Hintergründe der Leichenschau

Es ist nicht nur sinnvoll, sondern im eigenen Interesse auch unabdingbar, sich vor der Konfrontation mit einer Leichenschau mit deren rechtlichen Hintergründen zu beschäftigen, weil man nur so gesetzeskonform handeln und somit Probleme vermeiden kann. Da die Bestattungsgesetze Ländersache sind und deshalb zu bestimmten Aspekten unterschiedliche Regelungen beinhalten, lassen sich keine bundesweit gültigen Aussagen treffen – in diesen Fällen verweisen wir daher auf die jeweils zuständigen Ländergesetze.

Klarstellend sei nochmals gesagt, dass die **Leichenschau eine nicht delegierbare ärztliche Aufgabe** ist – nichtärztliches Rettungsdienstpersonal kann diese Tätigkeit nicht übernehmen. Rettungsassistenten und -sanitäter können lediglich von einer Reanimation absehen, wenn sichere Todeszeichen vorliegen, dies ist aber im rechtlichen Sinne nicht mit einer Todesfeststellung gleichzusetzen.

Leichenschaupflicht

Niedergelassene Ärzte und Klinikärzte sind im Rahmen ihrer Berufsausübung verpflichtet, eine Leichenschau durchzuführen. Dies beinhaltet die Todesfeststellung sowie die Feststellung von Todeszeitpunkt, -art und -ursache.

Der Notarzt wird dabei nicht explizit genannt, jedoch heißt es beispielsweise in der Bestattungsverordnung Baden-Württembergs zur Verhinderung des Arztes [zur Leichenschau]:

„Bei im Rettungsdienst eingesetzten Notärzten ist das Vorliegen solcher Hinderungsgründe anzunehmen. Deshalb hat der Notarzt lediglich den Tod festzustellen. Bei Anhaltspunkten für einen nicht natürlichen Tod hat der Notarzt sofort die Rettungsleitstelle zu benachrichtigen, die die Polizei in Kenntnis setzt.“

Somit muss der Notarzt also keine Leichenschau durchführen, kann es jedoch, wenn die notärztliche Betreuung des Einsatzgebietes weiter gesichert ist. Sollte er die Leichenschau durchführen, so muss er dies vollständig und mit der geforderten Gründlichkeit tun. In jedem Fall ist er aber verpflichtet, eine Todesfeststellung auszustellen, für die keine genaue körperliche Untersuchung notwendig ist. Sollten sich schon vor der Leichenschau aufgrund der Auffindesituation und offensichtlicher Befunde Anhaltspunkte für eine nicht natürliche oder nicht klärbare Todesart ergeben, ist unverzüglich die Polizei zu informieren und jede weitere Manipulation an der Leiche zu unterlassen.

Veranlassung der Leichenschau

In folgender Reihenfolge haben der Ehegatte, die volljährigen Kinder, die Eltern, die Großeltern, die volljährigen Geschwister und Enkelkinder des Verstorbenen die Pflicht, die Leichenschau zu veranlassen. Sollten keine Angehörigen erreichbar sein, sind die Wohnungs- oder Hausbesitzer sowie sogenannte Anstaltsleiter dafür verantwortlich, im Zweifelsfall sogar jeder zufällig anwesende Zeuge des Sterbefalls (zum Beispiel bei einem Beförderungsmittel dessen Führer). Im Krankenhaus sind die leitenden Ärzte zur Organisation der Leichenschau verpflichtet.

Der Notarzt handelt also im juristischen Sinne nicht von sich aus, sondern nur im Auftrag; jedoch findet in der Praxis die Leichenschau meist ohne expliziten mündlichen oder schriftlichen Arbeitsauftrag statt.

Zeitpunkt der Leichenschau und Betretungsrecht

Im §22 BestattG BW werden Aussagen zur Vornahme der Leichenschau getroffen: Zum einen hat der Arzt die Leichenschau **unverzüglich** vorzunehmen, zum anderen ist er berechtigt, zu diesem Zweck jederzeit den Ort zu betreten (sog. **Betretungsrecht**), an dem die Leiche sich befindet, um dort die Leichenschau durchzuführen. Das Grundrecht der Unverletzlichkeit der Wohnung (Artikel 13 Abs. 1 des Grundgesetzes) wird insoweit eingeschränkt. Grundsätzlich hat die Leichenschau am Auffindeort stattzufinden, es sei denn, dass triftige Gründe dagegen sprechen (zum Beispiel ein nicht abschirmbarer öffentlicher Platz).

Gibt es also keine vorläufige Todesfeststellung des Notarztes, hat der beauftragte Arzt die Pflicht, innerhalb kurzer Zeit mit der Leichenschau zu beginnen – es ist demnach beispielsweise rechtlich nicht zulässig, als niedergelassener Arzt die Leichenschau erst nach der Sprechstunde vorzunehmen, obwohl der Todesfall schon Stunden vorher gemeldet wurde. Im Kern geht es darum, zügig ärztlich sichere Todeszeichen und somit den tatsächlichen Todeseintritt festzustellen sowie zu dokumentieren, dass keine Wiederbelebung angezeigt ist.

Dokumentation und Meldepflicht

Die derzeit gültigen Dokumente sind unverzüglich auszustellen. Ergeben sich Anhaltspunkte für einen nicht natürlichen Tod, lässt sich die Todesursache nicht klären oder handelt es sich um die Leiche eines Unbekannten, so hat der Arzt sofort eine Polizeidienststelle zu verständigen und die Leichenschau abzubrechen, um keine etwaigen Spuren zu zerstören. Er hat, soweit ihm das möglich ist, dafür zu sorgen, dass an der Leiche und deren Umgebung bis zum Eintreffen der Polizei keine Veränderungen vorgenommen werden. Erst nach Zustimmung durch die Polizei darf die Leichenschau fortgeführt und der Auffindeort verändert werden. Ordnet die Polizei bzw. die Staatsanwaltschaft eine gerichtliche Obduktion an, so darf der Notarzt die Leichenschau nicht fortsetzen, sondern hat lediglich seine bisher festgestellten Befunde in das Dokument „Todesbescheinigung ohne Ursachenfeststellung" einzutragen.

> Die Todesbescheinigung darf generell erst [den Angehörigen] ausgehändigt werden, wenn die Staatsanwaltschaft oder der Amtsrichter die Bestattung schriftlich genehmigt hat.

Grundsätzlich gibt es für den Leichenbeschauer folgende prinzipielle Meldepflichten:

- Hinweise auf nicht natürliche oder unbekannte Todesart
- unbekannte/nicht identifizierbare Leiche
- Meldepflicht nach Infektionsschutzgesetz bei Hinweisen auf eine dort genannte Erkrankung (an das Gesundheitsamt)
- bei Gefahr für ein höherwertiges Rechtsgut, zum Beispiel das Leben Dritter.

Für den Notarzt ist zudem wichtig zu wissen, dass es durch eine Änderung im Personenstandsgesetz eine Anzeigepflicht für Totgeburten ab 500 g Körpergewicht gibt – und somit auch die Notwendigkeit einer Leichenschau.

Auskunftspflicht versus Schweigepflicht

Benötigt der die Leichenschau durchführende Arzt dafür weiterreichende Informationen von Dritten, beispielsweise Befunde vorbehandelnder Ärzte, sind diese zur Auskunft verpflichtet.

Auf der anderen Seite sei noch einmal daran erinnert, dass die ärztliche Schweigepflicht sich natürlich auch auf die Leichenschau erstreckt. Es gelten dieselben Verschwiegenheits- und Auskunftspflichten wie bei Lebenden.

Kosten für die Leichenschau

Die Kosten für die Leichenschau trägt prinzipiell derjenige, der auch für die Bestattung aufzukommen hat.

Falsche Angaben und Klassifikationen bei der Leichenschau

Unterschreitet der Arzt die geforderte Sorgfalt, begeht er bereits eine Ordnungswidrigkeit. Macht er falsche Angaben, zum Beispiel bei der Klassifikation der Todesursache, drohen ihm bei grober Fahrlässigkeit (Nachlässigkeiten bei der Leichenschau) bis hin zum Vorsatz auch strafrechtliche Konsequenzen.

Meldung des Todesfalls beim Standesamt

Abschließend sei die Pflicht genannt, mit der Todesbescheinigung spätestens am folgenden Werktag beim zuständigen Standesamt den Tod anzuzeigen. Zuständig dafür sind in der Reihenfolge die Personen, wie sie auch zur Veranlassung der Leichenschau verpflichtet sind.

3.3 Wichtige Aspekte der Leichenschau durch einen Notarzt

Allgemeines Dilemma in der Notfallmedizin

Auf den rettungsdienstlich organisierten Notarzt können bei der Durchführung der Leichenschau eine Reihe grundsätzlicher Probleme zukommen, die er zum Großteil nicht beeinflussen kann. Er kann jedoch deren Auswirkungen bereits dadurch minimieren, dass er sich dieser Schwierigkeiten bewusst wird:

1. Der Notarzt kennt den Verstorbenen nicht, genaue Vorerkrankungen (sowie deren Verlauf) und Dauermedikation sind unbekannt, ebenso bestehen zumeist keine Kenntnisse über die Lebensumstände.
2. Es herrscht Zeitdruck, da die Einsatzbereitschaft des Rettungsmittels zügig wieder herzustellen ist.
3. Der Notarzt kommt oft aus einem Fachbereich, in dem die Leichenschau nur selten durchgeführt werden muss (zum Beispiel Anästhesie). Zudem wird diese Tätigkeit nicht selten als Pflichtaufgabe angesehen.
4. Häufig ist der Tod unerwartet eingetreten, die Angehörigen sind schockiert und können keine Auskunft geben bzw. wollen nicht befragt werden und sind eher misstrauisch. Nicht selten herrscht Unverständnis darüber, dass die Polizei hinzugezogen werden muss.
5. Oft ist der Hausarzt nicht bekannt.
6. Widrige Umstände für die Leichenschau sind: Auffindeort in der Öffentlichkeit, Dunkelheit, schlechte Witterung, länger zurückliegender Todeszeitpunkt.

7. Die gesetzlich verankerte Pflicht zur Entkleidung der Leiche führt nicht selten zu Problemen wie Vertrauensverlust bei den Angehörigen oder der Leichenschau in der Öffentlichkeit ohne adäquate Möglichkeit der Abschirmung.
8. Probleme bei der Identifikation des Toten sind nicht selten.
9. Die Todesfeststellung ist bei sicheren Todeszeichen einfach, vor Eintritt dieser Zeichen ist die Sachlage schwieriger, auch angesichts der Frage, ob dann eine verpflichtende Reanimationsindikation besteht (ethisches Dilemma).
10. Bürokratische Hürden bei der Attestierung einer unnatürlichen oder ungeklärten Todesart müssen genommen werden – Hinzuziehung und Warten auf die Polizei, evtl. Befragung durch die Ermittlungsbehörden.
11. Es besteht Ablenkungsgefahr durch das „Milieu“ (Lebensumstände) und Vorurteile, zum Beispiel wenn der Tote in der Wohnung von bekannten Drogenkonsumenten aufgefunden wurde.

Eine Möglichkeit für den Notarzt: die Todesfeststellung ohne Angabe der Todesursache

Der Gesetzgeber (in den meisten Bundesländern) hat die oben genannte Problematik erkannt und Ärzte im Rettungsdiensteinsatz von ihrer Verpflichtung zur Durchführung der vollständigen Leichenschau befreit. Dem Notarzt wurde zugebilligt, nur eine Todesfeststellung ohne Angabe der Todesursache auszufüllen. Ein anderer Arzt muss dann die definitive Leichenschau durchführen.

Es ist für den Notarzt sehr ratsam, diese Möglichkeit in Anspruch zu nehmen. Sollte er sich dennoch für die Durchführung einer Leichenschau entschließen – man kann aus der gesetzlichen Verpflichtung zur Durchführung einer Leichenschau für Ärzte ja auch ein prinzipielles Recht ableiten –, dann muss die Leichenschau vollständig und lege artis vorgenommen werden. Während der Leichenschau ist die weitere notfallmedizinische Versorgung im Einzugsgebiet des Notarztes zu gewährleisten. Denkbar wäre der Vorwurf der Fahrlässigkeit, sollte ein anderer Patient durch einen verspäteten Notarzteinsatz aufgrund einer Leichenschau zu Schaden kommen. Zur Todesfeststellung und zur Ausstellung einer Todesbescheinigung ohne Ursachenfeststellung ist der Notarzt jedoch verpflichtet und kann diese Tätigkeit nicht an Dritte delegieren. Da das Erstellen der Bescheinigung nicht viel Zeit in Anspruch nimmt, bleibt diese Verpflichtung bei einem erneuten Einsatzauftrag bestehen.

> Keinesfalls sollte der Notarzt die Leichenschau durchführen, wenn der Tod während der notfallmedizinischen Versorgung eingetreten ist. Denn hier besteht die prinzipielle Möglichkeit einer fehlerhaften medizinischen Maßnahme und der Notarzt ist als Durchführender der Maßnahmen befangen.

Äußere Umstände bei der Leichenschau

Sollte der Notarzt eine Leichenschau vornehmen, so hat er zunächst adäquate äußere Umstände zu schaffen:

- Es müssen ausreichend Zeit und eine ruhige Arbeitsatmosphäre ohne Beeinflussungsmöglichkeit durch Dritte zur Verfügung stehen.
- Eine ausreichende Beleuchtung muss sichergestellt sein, damit auch kleinere Veränderungen an der Leiche erkannt werden können. Gegebenenfalls ist technische Hilfe (zum Beispiel Feuerwehr zum Ausleuchten) anzufordern.
- Die Leiche muss vollständig entkleidet werden, damit der komplette Körper inklusive der Körperöffnungen inspiziert werden kann. Nicht zu vernachlässigen sind der Rücken und die Hände.
- Anamnestische Hinweise zur Todesart sind zu erheben: Befragung von Angehörigen, Freunden, anderen Ärzten (bestenfalls der Hausarzt), Einsehen von Arztbriefen etc.
- Es sollte eine adäquate Ausrüstung vorhanden sein, die den Notärzten aber häufig nicht zur Verfügung steht: Einmalhandschuhe, Leuchte, anatomische Pinzette, Nasenspekulum, Ohrtrichter, Augenspiegel, Thermometer und ein Reflexhammer o. ä. seien hier beispielhaft genannt.

Reanimation – ja oder nein?

Die Frage der Reanimationsindikation ist bei sicheren Todeszeichen scheinbar banal zu verneinen, dennoch kommt es trotzdem häufig zu Wiederbelebungsbemühungen. Sollten keine sicheren Todeszeichen feststellbar sein, ist mit Reanimationsmaßnahmen zu beginnen, bis weitere Informationen vorliegen, die unter Umständen den Abbruch rechtfertigen. Wird keine Reanimation begonnen und liegen keine sicheren Todeszeichen vor, ist eine EKG-Dokumentation der Asystolie angezeigt.

> Zum Abbruch der Reanimation hat die Bundesärztekammer (BÄK) folgende Empfehlung ausgesprochen: Die Herz-Lungen-Wiederbelebung kann dann abgebrochen werden, wenn nach 30–40 Minuten kein Erfolg (keine Spontanatmung, keine spontane Herztätigkeit) erkennbar ist und die Irreversibilität des Kreislaufstillstandes durch ein Null-Linien-EKG über einen längeren Zeitraum belegt ist. Ausgenommen davon sind hypotherme, beinahe ertrunkene oder intoxikierte Patienten.

Sterben und Tod

Masshoff prägte 1960 eine Definition des Todes als Ausfall der großen Funktionssysteme Kreislauf, Atmung und zentrales Nervensystem. Vor dem Tod liegt die Phase des Sterbens. Sie kann verschiedene Agonieformen beinhalten, die die Dauer des Sterbeprozesses beschreiben. Bei notfallmedizinisch relevanten Todesfällen ist die Agonie meist ultrakurz bis kurz, der Tod tritt plötzlich oder über wenige Minuten hinweg ein.

Keine Rolle in der Notfallmedizin spielt der sogenannte „Hirntod", da man ihn präklinisch nicht feststellen kann. Der komplette Ausfall neuronaler Funktionen erlaubt noch keinen Abbruch der notfallmedizinischen Maßnahmen.

Scheintod, AEIOU-Regel und unsichere Todeszeichen

Viele Notärzte haben bei der Todesfeststellung Angst, einen sogenannten Scheintod (bzw. Vita minima – Vita reducta) zu übersehen. Dabei wird zunächst der Tod bescheinigt, im Verlauf zeigen sich dann aber Hinweise auf Lebenszeichen. Es gibt nicht wenige Berichte über solche Zustände; sie stammen allerdings zumeist aus einer Zeit, in der keine EKG-Ableitung etc. zur Verfügung stand.

Wichtig ist, genau auf das Vorliegen sicherer Todeszeichen zu achten. Liegen diese noch nicht vor, ist über längere Zeit ein Null-Linien-EKG abzuleiten und diese Zeitdauer auch zu dokumentieren. Besondere Vorsicht ist bei bestimmten Krankheitsbildern geboten, die Prokop in der **AEIOU-Regel** aufgelistet hat:

A – Alkohol, Anämie, Anoxämie
E – Elektrizität inklusive Blitzschlag
I – Injury
O – Opium und weitere Arzneimittelintoxikationen
U – Urämie (und weitere metabolische Entgleisungen), Unterkühlung

Keinesfalls darf der Notarzt in diesem Zusammenhang seine Todesfeststellung mit unsicheren Todeszeichen begründen wie zum Beispiel:

- Hypothermie
- Apnoe
- Pulslosigkeit (hohe Fehlerquote auch bei Ärzten!)
- Ausfall von Reflexen einschließlich der Pupillomotorik

Die Feststellung des Todes anhand sicherer Todeszeichen wie Leichenstarre, Leichenflecken und Fäulnis schließt einen Scheintod nahezu aus, ebenso nicht überlebbare Verletzungen wie eine Dekapitation.

Todesarten

Nicht selten besteht Unsicherheit bei der Angabe der Todesart, also der Umstände, die zum Tod geführt haben. Hier gibt es folgende Möglichkeiten:

Natürlicher Tod

Bei einem natürlichen Tod ist der Tod als logische Konsequenz aus einer vorbestehenden schweren Krankheit oder akut aufgrund einer plötzlichen Erkrankung (zum Beispiel Herzinfarkt) eingetreten. Bei der Fremdanamnese und dem körperlichen Untersuchungsbefund gibt es nur Indizien für einen natürlichen Tod, jedoch keine Hinweise bzw. nicht beantwortbare Fragen in Bezug auf eine unnatürliche Todesart. Kurz gesagt: Tod aufgrund schwerer Vorerkrankung oder akuter Erkrankung ohne Selbstbeeinflussung oder Einwirkung Dritter.

Todesart ungeklärt

Gibt es keine Hinweise auf eine Todesursache oder kann man eine gewaltsame, unnatürliche Todesart nicht ausschließen, ist die Bezeichnung „Todesart ungeklärt" anzugeben. Die Polizei ist unverzüglich über diesen Todesfall zu informieren, die Beamten müssen dann klären, ob ein staatliches Interesse an einer weiteren Klärung der Todesursache besteht. Viele Ärzte vermeiden diese Angabe auf der Todesbescheinigung und somit das weitere Procedere aus Scheu vor einer Diskussion mit den Angehörigen und der Polizei. Man muss sich jedoch vor Augen halten, dass der Arzt meistens die letzte Möglichkeit hat, eine Klärung einzuleiten.

In der Regel kannte der Notarzt den Patienten nicht zu Lebzeiten und weiß nichts über dessen medizinische Vorgeschichte. Solange es keine konkreten Hinweise auf einen natürlichen Tod gibt, ist auch ohne Hinweis auf einen unnatürlichen Tod immer diese Todesart anzugeben – dies hat nichts mit generellem Misstrauen gegenüber den Angehörigen zu tun. Die Klärung kann ja auch im Interesse der Angehörigen sein, da sich daraus Ansprüche an Versicherungen (Unfall-, Lebensversicherung) oder zivilrechtliche Folgen (Schadensersatz, Schmerzensgeld etc.) ergeben können.

Nicht natürlicher Tod

Zu den unnatürlichen Todesarten gehören alle gewaltsamen Todesfälle: Unfälle, Selbstmorde und Tötungsdelikte. Die Polizei ist hinzuzuziehen und es gilt die

Todesursache genau festzustellen. Auch dies geschieht – von den strafrechtlichen Ermittlungen abgesehen – wiederum im Interesse der Angehörigen, die Anspruch auf eine finanzielle Entschädigung haben (s. o., bei Arbeitsunfällen zusätzlich Ansprüche gegenüber einer Berufsgenossenschaft). Besondere Bedeutung hat die Tatsache, dass zwischen der körperlichen Schädigung (Unfall, Körperverletzung) und dem Todeseintritt auch ein längerer Zeitraum liegen kann, ohne dass dies Einfluss auf die unnatürliche Todesart hätte. Dazu 2 Fallbeispiele:

1. 3 Monate nach einem tätlichen Angriff mit Schädel-Hirn-Trauma und posttraumatischer Epilepsie verstirbt der Patient im Status epilepticus. Aus einer Körperverletzung wird somit ein Tötungsdelikt, was natürlich großen Einfluss auf die gerichtliche Aufarbeitung hat.
2. 6 Wochen nach einem Verkehrsunfall mit Oberschenkelfraktur verstirbt die zwanzigjährige Patientin aufgrund einer autoptisch gesicherten Lungenembolie. Da es in der Vorgeschichte keine Risikofaktoren sowie anamnestische Hinweise für thromboembolische Ereignisse gibt, kann man einen Zusammenhang zwischen Unfallgeschehen und Todesfall herstellen mit allen seinen Auswirkungen auf gerichtliche Interessen und finanzielle Ansprüche.

Fazit: Die Möglichkeit eines längeren Zeitintervalls zwischen primärer Schädigung und Todeseintritt muss immer in Betracht gezogen werden.

Die Dunkelziffer der unnatürlichen Todesfälle ist in Deutschland schätzungsweise doppelt so hoch wie tatsächlich gemeldet. Hinweise darauf gibt es durch Zufallsbefunde und im Vergleich mit Ländern, in denen deutlich häufiger obduziert wird. Daher muss man annehmen, dass in Deutschland jedes zweite Tötungsdelikt übersehen wird.

Die unbekannte Leiche

Die Todesart kann bei einer unbekannten, nicht identifizierbaren Leiche eigentlich nur in den seltensten Fällen mit „natürlich" angegeben werden, denn wie will der Leichenschauarzt anamnestische Hinweise für einen natürlichen Tod angeben, wenn er nicht einmal die Personalien kennt. Die Polizei muss in diesen Fällen sowieso zur Feststellung der Personalien bzw. Identifikation hinzugezogen werden.

Todesursache

Als Todesursache, der eigentliche Grund des Sterbens, sollte niemals ein funktioneller Endzustand wie „Herzversagen" oder „Herz-Kreislauf-Stillstand" angegeben werden, da solche Bezeichnungen bei jedem Toten zutreffen und nicht die eigentliche Todesursache wiedergeben. Es gibt keine Rechtfertigung für die Verlegenheitsangabe funktioneller Endzustände. Lassen sich keine konkreteren Aussagen zur Todesursache treffen, ist die Todesart als ungeklärt anzugeben. Eine ungeklärte Todesart bedeutet auch nicht automatisch ein langwieriges Ermittlungsverfahren, sondern nur eine Information der Polizei, die zu klären hat, ob sich durch die örtlichen Verhältnisse oder Zeugenaussagen ein Anfangsverdacht für weitere Ermittlungen und eine Indikation für eine gerichtlich angeordnete Obduktion ergeben.

Von etwaigen forensischen Interessen ganz abgesehen ist die gewissenhafte Angabe der Todesursache auch gesundheitspolitisch elementar wichtig, weil diese Angaben in die Todesursachenstatistik der Bundesrepublik Deutschland eingehen und wichtige Auswirkungen auf die Ressourcenverteilung im Gesundheitswesen haben.

Die Angabe der Todesursache hat soweit möglich nach der WHO-Klassifikation in Form einer Kausalkette zu erfolgen:

- Unter I. a) ist die unmittelbare Todesursache anzugeben, unter I. b) und c) die vorangegangenen Krankheiten, die zur unmittelbaren Todesursache geführt haben.
- Unter II. hat man die Möglichkeit, weitere Krankheiten anzugeben, die zwar nicht mit dem Grundleiden oder der unmittelbaren Todesursache in Zusammenhang stehen, jedoch im weiteren Sinne zum Tode beigetragen haben.

Diese komplexe Aufteilung soll anhand eines Beispiels erklärt werden:

I. a) Lungenblutung
I. b) Resektion eines Lungenlappens
I. c) Bronchialkarzinom
II. Linksherzinsuffizienz NYHA III

Man muss sich bewusst sein, dass die Fehlerquote bei rein klinisch festgestellter Todesursache mit bis zu 60% sehr hoch ist, was auch die Glaubwürdigkeit der Todesursachenstatistik deutlich herabsetzt. Viel zu oft sind Spekulationen und nicht eine gesicherte Diagnose Grundlage für die Angabe der Todesursache.

Lässt sich keine Todesursache feststellen und ist somit die Todesart ungeklärt, kann der Notarzt, sofern die Ermittlungsbehörden eine gerichtliche Obduktion angeordnet haben, beim zuständigen rechtsmedizinischen Institut die Todesart erfragen. Prinzipiell wird jedoch kein ausführlicher Bericht an den behandelnden Arzt geschickt, wie es bei Obduktionen durch ein pathologisches Institut üblich ist. In einem persönlichen Gespräch sollten sich aber alle relevanten Fragen klären lassen, sofern diese Informationen keinen Einfluss auf die Ermittlungsarbeit haben und somit der Verschwiegenheitspflicht unterliegen.

3

Angabe der Todeszeit

Ein weiteres Problem stellt oftmals die Angabe der Todeszeit dar. Da dem Notarzt/Hausarzt keine speziellen Instrumente, zum Beispiel zur Messung der Raum- und Körperkerntemperatur, zur Verfügung stehen, ist ihm eine exakte Feststellung unmöglich, zumal eine ganze Reihe von Faktoren Einfluss auf die postmortalen Veränderungen haben. Genaue Ausführungen dazu finden Sie im Kapitel Thanatologie (siehe S. 17).

Gibt es keine Zeugen des Todeseintritts, so darf die Todeszeit nicht einfach geschätzt werden, sondern es sind objektiv belegbare Zeiten anzugeben, wie der Zeitpunkt der Leichenauffindung, der Zeitpunkt der ärztlichen Todesfeststellung und der Zeitpunkt, wann der Verstorbene zuletzt lebend gesehen wurde. Wichtig sind diese belegbaren Angaben unter anderem für das Personenstandsgesetz. Im Weiteren können sie auch Auswirkungen auf das Erbrecht haben, beispielsweise beim scheinbar gleichzeitigen Tod eines Ehepaares mit Kindern außerhalb dieser Ehe. Wenn auch dieses Beispiel sehr konstruiert erscheint, verdeutlicht es doch, dass man keine Verlegenheitsangaben zur Todeszeit machen darf, wenn man diese nicht belegen kann. Auch wenn es in Fernseh- und Kinofilmen so vermittelt wird, ist die minutiös genaue Todeszeitbestimmung nur selten notwendig, wenn sie überhaupt möglich ist, und betrifft dann zumeist unnatürliche Todesfälle im Zuständigkeitsbereich der Rechtsmedizin.

3.4 Todesfälle in besonderen Situationen

Besondere Vorsicht ist bei Todesfällen in besonderen Situationen geboten. Natürlich ist es unzweckmäßig, wenn Phantasien den Untersucher beeinflussen, jedoch muss man sich bei unüblichen Auffindeorten und -situationen fragen, warum der Tod gerade dort und zu diesem Zeitpunkt eingetreten ist. Zu diesen ungewöhnlichen Fällen, bei denen Menschen plötzlich und unerwartet verstorben sind, werden hauptsächlich Notärzte gerufen.

Sie sollten in diesen Fällen Folgendes beachten: Man weiß beispielsweise, dass nur ein geringer Prozentsatz der sich in Badezimmern ereignenden Todesfälle eine natürliche Ursache hat. Ebenso verhält es sich mit Todesfällen im Polizeigewahrsam oder in Justizvollzugsanstalten. Bei Hinweisen auf

Drogenkonsum oder Gifteinwirkung ist eine unnatürliche Todesart obligat, ebenso wenn mehrere Leichen in räumlicher Nähe gefunden werden. Passt bei Verkehrsunfällen die Fahrzeugdeformität nicht zu einer tödlichen Verletzung, so sollte auch nach anderen Todesursachen gesucht werden, die dann sekundär zu einem Unfall geführt haben. Kommt es zu einer Entstellung der Leiche wie zum Beispiel bei einem Bahnunfall, ist der Arzt versucht, die Situation und die Leiche nicht adäquat zu inspizieren – aber auch hier kann der Tod bereits vor dem Unfall herbeigeführt worden sein. Sollte es sich um einen Todesfall bei der Arbeit oder in arbeitstypischen Situationen handeln, ist besondere Sorgfalt angezeigt, um einen natürlichen Tod (Myokardinfarkt während der Arbeit), von einem Unfall (Dachdecker stürzt vom Dach), einem Suizid (Arzt verabreicht sich an der Arbeitsstelle Medikamente) und einem Tötungsdelikt (Dachdecker ist durch Einwirkung Dritter vom Dach gestürzt) zu unterscheiden.

Tritt der Tod während einer ärztlichen Behandlung ein (Mors in tabula), so sollte nicht der zuvor behandelnde Arzt die Leichenschau durchführen, um dem Vorwurf einer nicht sachgerechten Behandlung mit anschließender Fehlbeurteilung bei der Leichenschau zu entgehen.

3.5 Checkliste

Abschließend haben wir die wichtigsten Fragen, die sich einem Notarzt bei der Leichenschau stellen, in Form einer Checkliste zusammengefasst:

- Ist die notfallmedizinische Abdeckung in meinem Einsatzgebiet gewährleistet und habe ich ausreichend Zeit?
- Stehen mir die aktuell gültigen Dokumentvorlagen zur Verfügung?
- Bestehen Zweifel an der Identität des Toten? Habe ich alle für die Dokumente notwendigen Angaben?
- Sind die Angaben von Zeugen des Todeseintritts und anderen Anwesenden schlüssig?
- Gibt es offensichtliche Hinweise auf einen unnatürlichen Tod, die es notwendig machen, das Eintreffen der Polizei vor Beginn der Leichenschau abzuwarten?
- Ist eine Beeinflussung durch Dritte ausgeschlossen?
- Sind äußere Umstände wie Beleuchtung und pietätvolle Abschirmung adäquat?
- Steht mir die notwendige Ausrüstung wie Handschuhe, Leuchte, Stethoskop und ggf. Pinzette zur Verfügung?
- Sind die äußeren Umstände ungewöhnlich bzw. bin ich durch sie abgelenkt?

- Habe ich den Leichnam komplett entkleidet und von Kopf bis Fuß systematisch untersucht und haben sich dabei neue Fragen aufgedrängt bzw. Unklarheiten ergeben?
- Gibt es Hinweise auf einen nicht natürlichen Tod, auch wenn ich ihn vielleicht nicht endgültig belegen kann?
- Was weiß ich über die Todeszeit?
- Habe ich Informationen über die medizinische Vorgeschichte und wie kann ich sie ggf. erweitern?
- Gibt es eine Vorerkrankung, die den Todeseintritt erklären würde, und gibt es dazu passende Angaben von Zeugen?
- Bin ich mir mit der natürlichen Todesart sicher oder sollte ich sie besser als ungeklärt angeben?
- Muss ich abschließend die Polizei informieren?
- Ist das weitere Procedere (Bestattungsinstitut etc.) eingeleitet?
- Habe ich alle Dokumente ordnungsgemäß und vollständig ausgefüllt?
- Bin ich selber mit meiner Arbeit zufrieden und komme ich mit etwaigen Rückfragen zurecht? – Unzufriedenheit hat ihren Grund!

4 Begutachtung und Attestierung

Kasuistik

Drei Monate nach einem Notfalleinsatz erhalten Sie vom Anwalt des damaligen Patienten ein Anschreiben. Sie erinnern sich an den Einsatz: Alarmierungsgrund gegen 4.00 Uhr morgens war eine Schlägerei mit mehreren Beteiligten in einer Großraumdiskothek. Vier zum Teil schwer alkoholisierte junge Männer mussten damals versorgt werden. Nun fordert Sie der Anwalt auf, Sie mögen ein Gutachten zu den damaligen Verletzungen schreiben, damit man es als Beweismittel in das Gerichtsverfahren einbringen kann. Im Notfallprotokoll, das Sie laut Rechtsanwalt in Kopie beifügen sollen, finden Sie den nächtlichen Eintrag, dass es sich um eine Schlagverletzung mittels einer Bierflasche durch einen bestimmten Kontrahenten gehandelt habe, die zu einer Nasenbeinfraktur geführt habe. Ihnen fällt es wie Schuppen von den Augen, dass Sie es wohl damals besser bei neutral-objektiven Beschreibungen belassen hätten. Denn eigentlich hatten Sie damals schmunzelnd gedacht, dass der Patient sich die Verletzung auch durch einen alkoholbedingten Sturz ohne Fremdeinwirkung zugezogen haben könnte. Doch sie haben die Aussagen des Patienten nicht hinterfragt, sondern einfach ins Protokoll übernommen. Nun soll Ihr Gutachten zur Verurteilung eines damals unverletzten Mannes wegen gefährlicher Körperverletzung beitragen, der eine Tatbeteiligung konsequent abstreitet. Zu Recht?

4.1 Einleitung

Der Dokumentation im Rettungsdienst kommt eine immer größere Bedeutung zu. Sie dient vielerlei Zielen: Abrechnungszwecken, der Verbesserung der Schnittstelle zur Klinik, notfallmedizinischen Statistiken und vielem mehr. Unter anderem kann dieses Dokument jedoch auch vor Gericht als Beweismittel herangezogen werden. Darüber hinaus kann es immer wieder Anfragen geben, ob man als Arzt (oder Rettungsdienstfachpersonal) irgendeine körperliche Schädigung bestätigen oder beurteilen kann. Als Mitglied des organisierten Rettungsdienstes ist man gut beraten, aufgrund mangelnder Zeit und Ausrüstung auf einen anderen weiterbehandelnden Arzt zu verweisen, der vermutlich mehr Zeit aufbringen kann und auch Dokumentationswerkzeuge wie einen geeigneten Fotoapparat und verschiedene Maßbänder zur Verfügung hat.

Manchmal fällt es jedoch sehr schwer, sich auf eine nicht bewertende objektive Beschreibung zu beschränken, weil es verlockend ist, die erlangten Informationen umgehend zu bewerten und zu deuten.

Auch wenn es nicht zum zentralen Aufgabenfeld von Notfallmedizinern gehört, Gutachten zu erstellen, so sollte man dennoch ein paar Grundsätze kennen, um sich weiterer Mühe und Verärgerung zu entziehen.

4.2 Ist ein Notfallmediziner vor Gericht Zeuge oder Sachverständiger?

Dazu muss man zunächst zwischen einem Zeugen, einem sachverständigen Zeugen und einem Sachverständigen unterscheiden. Der **Zeuge** darf nur seine Wahrnehmungen wiedergeben, ohne sie zu bewerten. Dem **sachverständigen Zeugen** wird aufgrund beruflicher Vorkenntnisse und Qualifikationen eine gewisse Bewertung der selbst gemachten Wahrnehmungen zugesprochen, alle Aussagen müssen jedoch belegbar sein. Der **Sachverständige** ist ein vom Gericht oder Staatsanwalt laut Strafprozessordnung bestellter Experte, der eine Schlussfolgerung aus den erhobenen Befunden im Gesamtzusammenhang herstellen darf.

> Notfallmediziner werden bezüglich Verletzungen oder anderer Beobachtungen im Einsatz allenfalls als sachverständige Zeugen aussagen. Ein nichtärztlicher Mitarbeiter des Rettungsdienstes wird, auch wenn er ein nicht abstreitbares Vorwissen besitzt, in aller Regel nur als Zeuge gehört werden.

4.3 Ärztliches Gutachten/Attest

Solch ein Gesundheitszeugnis kann in unterschiedlicher äußerer Form erstellt werden, beispielsweise in der Art eines Formulars oder als Freitext. Es beinhaltet die Befunde einer Untersuchung, die aber nicht bewertet werden. Die Erstellung eines falschen Gesundheitszeugnisses ist nach § 278 StGB mit bis zu 2 Jahren Freiheitsentzug unter Strafe gestellt. Darunter fallen beispielsweise Gefälligkeitsgutachten für Freunde und Familienangehörige, die Angabe von

Befunden ohne entsprechende Untersuchungen oder die Angabe von nicht objektivierbaren Beschwerden.

Als einfache Grundregeln sollte man folgende bewährte praktische Hinweise berücksichtigen: Ein Gesundheitszeugnis sollte in deutscher Sprache ohne Fachausdrücke oder Abkürzungen erstellt werden, damit das Attest auch für Nichtmediziner verständlich ist. Es sollte aus ihm hervorgehen, für wen und wann dieses Zeugnis erstellt wurde und durch welche Untersuchungen man zu den Befunden gelangte.

Der inhaltliche Aufbau kann beispielsweise folgendermaßen sein:

1. Anknüpfungstatsachen (Aussagen des Patienten oder Dritter in indirekter Rede)
2. eigene erhobene Befunde ohne Wertung
3. Befunde anderer Untersucher als Zitat oder in indirekter Rede
4. Diagnosen
5. Bewertung, wenn die Aussagen belegbar sind

Negativbeispiele von Ausdrucksweisen in Gesundheiszeugnissen:
„*Hiermit bestätige ich die Faustschlagverletzung am linken Auge meines Patienten.*" Es ist nur möglich, eine Verletzung des Auges durch stumpfe Gewalteinwirkung zu attestieren. Dass es sich, wie vom Patienten behauptet, um eine Faustschlagverletzung handelt, ist nicht belegbar.
„*Der Patient erlitt bei der Schlägerei multiple Prellungen*". Auch hier kann man als Arzt nicht belegen, dass die Verletzungen tatsächlich im Rahmen einer bestimmten Schlägerei entstanden sind. Zudem ist mit dem Begriff „multiple Prellungen" kaum etwas anzufangen, weil weder die Anzahl noch die anatomische Verteilung noch die Art der Verletzungen damit beschrieben ist. Stattdessen muss explizit angegeben werden, wo welche Arten von Verletzungen lokalisiert waren.
„*Frau S. ist nicht in der Lage gewesen, von der Polizei zum Sachverhalt befragt zu werden.*" Aus dieser Aussage geht nicht hervor, was es Frau S. unmöglich machte, ein kurzes Gespräch mit den Polizeibeamten zu führen. Gab es körperliche oder psychische Gründe dafür und welcher Art waren sie? Nach Entbindung von der Schweigepflicht ist es hier notwendig, die genauen Gründe darzulegen.
„*Herr M. versicherte glaubhaft, dass er an diesem Abend keinen Alkohol getrunken hat.*" Im Gesundheitszeugnis geht es nicht darum, ob der Untersuchte einen glaubwürdigen Eindruck gemacht hat, sondern es geht nur um objektive Befunde. Die Aussage des Untersuchten kann man ohne Wertung in indirekter Rede wiedergeben: „Herr M. beteuerte mir gegenüber, an diesem Abend keinen Alkohol getrunken zu haben. Ich konnte keinen Foetor alcoholicus

wahrnehmen und es waren keine alkoholtypischen Ausfallerscheinungen offensichtlich. Dennoch wurde durch die Polizei zur endgültig-objektiven Bewertung eine Blutentnahme angeordnet."

4.4 Körperliche Untersuchung

Die körperliche Untersuchung dient der Objektivierung einer Gewalteinwirkung. Ihre Ergebnisse haben eine immense Bedeutung im Ermittlungs- und Strafverfahren. Sie sollte daher in adäquater räumlicher Umgebung (insbesondere in Ruhe und bei guten Lichtverhältnissen) und ohne Zeitdruck erfolgen. Im Rettungsdienst werden Materialien und Behältnisse zur Spurensicherung eigentlich nie vorgehalten, so dass im Zweifelsfall bei der Sicherung von Spuren improvisiert werden muss (beispielsweise provisorische Behältnisse, die die Gefahr einer Verunreinigung minimieren). Das Tragen von Handschuhen ist sowieso obligat. Hat man Spuren gesichert, so sind sie ausreichend zu beschriften (Woher? Wann? Wie? Von wem gesichert?) und umgehend den Ermittlungsbehörden persönlich zu übergeben.

Nahezu unabdingbar ist bei äußerlich sichtbaren Befunden eine aussagekräftige Fotodokumentation. Dies kann man nicht in Windeseile mit einer Handykamera machen, sondern benötigt dazu neben einer guten Kamera auch eine ausreichende Beleuchtung. Zunächst sollte eine Übersichts-, anschließend dann Detailaufnahmen gemacht werden (Abb. 4.**1 a, b**). Wichtig ist immer die Verwendung eines Maßstabs, wenn möglich mit Zentimetereinteilung.

4.5 Besondere Fragestellungen

Es ist keine Seltenheit, dass ein Arzt bei folgenden Fragestellungen um eine entsprechende medizinische Meinung gebeten wird:

- **Gewahrsamsfähigkeit:** Hierbei geht es darum, ob der Betreffende kurzfristig in Gewahrsam (wie etwa bei der Ausnüchterung auf dem Polizeirevier) genommen werden kann oder ob ihm dadurch eine weitere gesundheitliche Schädigung droht.
- **Vernehmungsfähigkeit:** Es soll geklärt werden, ob es dem Patienten zumutbar ist, zum Sachverhalt auszusagen.
- **Verhandlungsfähigkeit:** Hierbei soll geklärt werden, ob ein Angeklagter gesundheitlich in der Lage ist, als Angeklagter an einer Gerichtsverhandlung teilzunehmen.

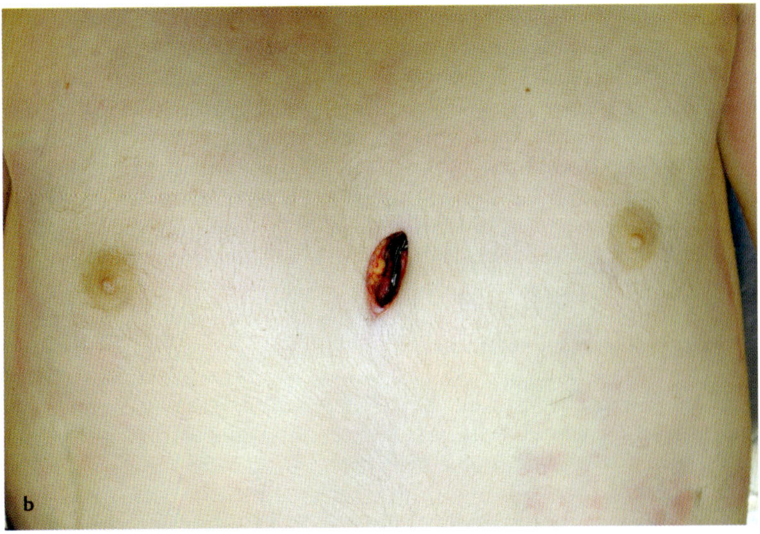

Abb. 4.**1a, b** Tötungsdelikt durch einen singulären Stich ins Herz. Auffindesituation nach versuchter Reanimation durch den Notarzt (**a**) und Detail der Stichwunde (**b**).

Auf den Notarzt dürften vor allem Fragen nach der Gewahrsamsfähigkeit und seltener nach der Vernehmungsfähigkeit zukommen. In Zweifelsfällen kann und sollte der Notarzt eine entsprechende Entscheidung jedoch an Kollegen in einem Kankenhaus abgeben, wo es auch bessere diagnostische Möglichkeiten gibt.

Bescheinigung der Gewahrsamsfähigkeit

Neben den körperlichen Befunden ist bei der Beurteilung der Gewahrsamsfähigkeit auch immer die psychische Verfassung des Untersuchten zu überprüfen. Gibt es Verletzungen, akute Erkrankungen oder Vergiftungserscheinungen, die vorrangig, ggf. unter Bewachung durch Polizeibeamte, ärztlich behandelt werden müssen? Weiter gilt es zu klären, ob es Vorerkrankungen gibt, auf die Rücksicht genommen werden muss und die ein angepasstes Handeln verlangen. Typisches Beispiel ist der Diabetes mellitus, bei dem regelmäßige und pünktliche Mahlzeiten und Medikamentengaben gewährleistet sein müssen. Ein weiteres Beispiel sind Epilepsiepatienten mit gehäuften Krampfanfällen, bei denen eine geeignete Verletzungsprophylaxe ergriffen werden muss.

Problematisch an den Gewahrsamsfähigkeitsuntersuchungen ist, dass dem durchführenden Arzt in der Regel keine großen diagnostischen Möglichkeiten inklusive bildgebender Verfahren oder Labormedizin zur Verfügung stehen und er oft auch unter hohem Zeitdruck handeln muss. Die Betroffenen sind nicht selten ausgesprochen unkooperativ, was die Anamnese- und Befunderhebung immens erschwert. Die schriftliche Wiedergabe der Befunde kann nur eine Momentaufnahme darstellen, eine unerwartete Beschwerdeprogredienz ist nicht auszuschließen und muss dann eine erneute Untersuchung nach sich ziehen. Es empfiehlt sich daher, die Befunde, die zur Beurteilung „gewahrsamstauglich" bzw. „nicht gewahrsamstauglich" geführt haben, gut zu dokumentieren, so dass die Entscheidung nachvollzogen werden kann.

Sonderfall Alkoholintoxikation

Ein häufiger Sonderfall ist die akute Alkoholintoxikation, da sie eigentlich bei unbekannter Einnahmemenge und -uhrzeit regelmäßig wiederholt und neu beurteilt werden müsste. Im Rahmen von Rauschzuständen liegen nicht selten parallel auch Verletzungen vor, zu denen der Patient aber unter Umständen keine Angaben machen will oder kann. Daher ist es in solchen Fällen wichtig zu dokumentieren, dass zum Zeitpunkt der Untersuchung keine Hinweise auf bedrohliche Zustände oder relevante Begleitverletzungen vorlagen.

Kann eine weitere gesundheitliche Gefährdung des Patienten nicht ausgeschlossen werden, muss zunächst eine stationäre Krankenhauseinweisung erfolgen, auch wenn dies bei der Notwendigkeit einer Bewachung durch Polizeibeamte bei diesen oft nicht auf Gegenliebe stößt.

Sonderfall Drogenentzugssyndrom

Eine weitere Problemsituation kann entstehen, wenn es im Rahmen des Gewahrsams zu einem Drogenentzugssyndrom kommt. In solchen Fällen sind die anamnestischen Angaben des Betroffenen oftmals nicht verwertbar und man muss sich als begutachtender Arzt immer der Gefahr der Momentaufnahme gewiss sein. Ein Drogenentzugssyndrom kann eine variable Ausprägung mit hoher Dynamik haben, bis hin zu lebensbedrohlichen Situationen. Auf folgende Symptome ist bei der Einschätzung des momentanen Status zu achten:

- Unruhe, Antriebssteigerung, Schweißausbrüche, Zittern
- Aggressivität, Dysphorie, Ängstlichkeit
- Tachypnoe, Tachykardie, Hypertonie
- Übelkeit, Durchfälle

Eigen- oder Fremdgefährdung?

Ähnlich schwierig, aber dennoch häufig dem Notarzt abverlangt, ist die Beantwortung der Frage, ob eine Eigen- oder Fremdgefährdung des Patienten vorliegt. Besonders schwierig wird es dann, wenn man mit einer wechselnden Stimmungslage oder einer Ambivalenz der getroffenen Aussagen konfrontiert ist. Werden klare Suizidgedanken geäußert, so ist damit die Entscheidung für eine zumindest kurzfristige Einweisung bereits gefallen und wird im Zweifelsfall mithilfe der Vollzugsdienste unter Zwang durchgesetzt. Bei subtilen Äußerungen zur Suizidalität oder grenzwertig fremdaggressivem Verhalten ist die Entscheidung dagegen nicht so leicht. Im Zweifelsfall muss man zugunsten einer für alle Beteiligten sichereren Lösung für eine Klinikeinweisung stimmen. Dort wird umgehend von einem Psychiater die Situation reevaluiert und es kann eine bessere Einschätzung erfolgen. Dem Rettungsdienst kann seitens der Justiz kein Vorwurf gemacht werden, wenn sich im Nachhinein keine Bedrohungslage herausstellt.

> Die sogenannten Zwangseinweisungen werden auf Länderebene gesetzlich geregelt. Daher muss man sich im Vorfeld eines solchen Einsatzszenarios bereits mit der jeweils gültigen Rechtslage vertraut machen.

5 Verhalten am Tatort

Kasuistik

An einem heißen Augustnachmittag werden Sie mit dem Einsatzstichwort „bewusstlose Person“ in eine bürgerliche Wohngegend gerufen. An der genannten Adresse werden Sie von einem Nachbarn empfangen, der angibt, seine allein lebende 84-jährige Nachbarin leblos in der Wohnung aufgefunden zu haben. Er habe sich mittels des bei ihm für Notfälle deponierten Schlüssels Zutritt zur Wohnung verschafft, nachdem die Nachbarin bei hörbarer Musik aus der Wohnung auf sein Klingeln nicht geöffnet habe.

Sie finden in der Erdgeschosswohnung im Küchenbereich eine auf dem Boden liegende unbekleidete Frau vor, die sichere Todeszeichen (Leichenflecken, Totenstarre) aufweist. Da Sie eine unnatürliche Todesursache nicht ausschließen können und Ihnen die Auffindesituation befremdlich erscheint, beschränken Sie sich auf die reine Todesfeststellung ohne Leichenschau und informieren die Polizei. Nach etwa 15 Minuten trifft eine Streifenwagenbesatzung ein, der Sie den Sachverhalt kurz erläutern, bevor Sie zu einem erneuten Einsatz gerufen werden.

Etwa 3 Stunden später ruft die Kriminalpolizei an und hat folgende Fragen:

- War die Terrassentür bereits offen?
- Die Ausprägung der Leichenflecken lässt vermuten, dass es eine Umlagerung nach Todeseintritt gegeben haben muss. Wurde der Leichnam durch den Rettungsdienst bewegt?
- Haben Sie dem Nachbar gesagt, dass Frau X an einem Herzinfarkt verstorben sei?
- In der linken Ellenbeuge sieht man ein Hämatom. Gab es einen Punktionsversuch durch das Rettungspersonal?

Erst nach Rücksprache mit dem gesamten rettungsdienstlichen Team können die Situation und die durchgeführten Tätigkeiten/Maßnahmen einigermaßen eruiert werden. Nach einer längeren Protokollaufnahme bei der Polizeidienststelle sind Sie verärgert über den hohen Zeitaufwand für diesen Einsatz und fragen sich, was man in solch einer Situation besser machen könnte.

5.1 Einleitung

Natürlich liegt nur bei einer Minderheit der rettungsdienstlichen Einsätze eine Straftat vor. Bei der „Vor-Ort-Hilfe" kommt man als Notarzt dennoch nicht selten an den Ort eines strafrechtlich relevanten Geschehens. In diesen Fällen ist es sehr wichtig, professionell, objektiv und zielgerichtet tätig zu werden, indem man seinem akutmedizinischen Auftrag nachkommt. Dennoch sollte man versuchen, sich die örtlichen Gegebenheiten einzuprägen für den Fall, dass es zu späteren Nachfragen der Ermittlungsbehörden kommt. Ein weiteres Ziel sollte sein, die vorhandene Spurensituation nur so wenig wie unbedingt nötig zu verändern, auch wenn notfallmedizinische Maßnahmen auf jeden Fall Vorrang vor der Spurensicherung haben. Alle Beobachtungen und Erkenntnisse sind adäquat zu dokumentieren, auch wenn dies einen erhöhten Zeitaufwand bedeutet – Ihre Dokumentation könnte ja später ein wichtiger Aspekt in einem Gerichtsverfahren sein.

In der Überschrift dieses Kapitels ist vom „Tatort" die Rede, man muss jedoch immer in seine Überlegungen miteinbeziehen, dass der Fundort einer Leiche oder eines Schwerverletzten nicht auch der Tatort sein muss. Vielleicht gibt es keine oder nur diskrete Hinweise auf eine Diskrepanz zwischen den beiden Örtlichkeiten, nicht immer handelt es sich um den berühmt-berüchtigten toten Taucher im Wald. Faktisch gibt es oft keinen definitiven Beweis, dass das Ereignis sich am schlussendlichen Auffindeort abgespielt hat. Gelegentlich wird bei Kapitaldelikten das Opfer nach der Tat an einen anderen Ort oder in eine andere Lage verbracht, um bestehende Spuren zu verwischen, neue zu legen oder um eine andere Sachlage vorzutäuschen (sog. Leichendumping, Abb. 5.**1**).

5.2 Grundregeln

Für den Notfallmediziner gibt es nur wenige, aber dennoch sehr wichtige Grundregeln, die es am Fundort unbedingt zu beachten gilt:

Lebensrettung vor Spurensicherung

Solange nur der geringste Verdacht besteht, dass der Tod noch nicht irreversibel eingetreten ist, sind lebensrettende Maßnahmen zu ergreifen. So banal dies klingt, neigt man bei (scheinbar) offensichtlichen Gewaltverbrechen dazu, erstmal zögernd abzuwarten, weil man Angst hat, etwas falsch zu machen. Jeder Moment des Abwartens verschlechtert jedoch die Situation des Patien-

Abb. 5.**1a, b** Drogentoter, der einige Zeit nach dem Ableben an der Fundstelle abgelegt wurde. Dafür sprechen folgende Befunde: Die Lage und Verteilung der Totenflecken passt nicht zur Rückenlage, in der der Leichnam aufgefunden wurde (**a**). Am rückwärtigen Hosenbund sind deutliche Schleifspuren zu erkennen (**b**).

ten. Hinsichtlich der Notfallversorgung besteht kein Unterschied zu anderen Einsatzanlässen. Polizei, Staatsanwalt oder Rechtsmediziner machen dem Rettungsteam keinen Vorwurf, wenn die Auffindesituation verändert wird, um die nötigen notfallmedizinischen Maßnahmen zu ergreifen. Es ist klar, dass die räumliche Situation verändert werden muss, damit der Arzt eine bessere Zugangsmöglichkeit zum Patienten bekommt. Unter Umständen wird der Patient sogar in ein Krankenhaus verbracht, ohne dass ihn zuvor ein Ermittlungsbeamter gesehen hat. Eine Zeitverzögerung in der medizinischen Behandlung ist nicht tolerabel und das wird auch von den Ermittlungsbehörden nicht bestritten.

Nur die Fakten zählen

Zum professionellen Arbeiten in der Akutmedizin gehört, dass man sich nur auf Fakten verlässt. Dennoch passiert es allzu leicht, dass sich bei einem vermeintlichen Tatbestand Vermutungen aufdrängen, die nicht bewiesen werden können. Wie der Name schon sagt, sind die Ermittlungsbehörden dafür zuständig, den Täter ausfindig zu machen und ein Strafverfahren einzuleiten. Das notfallmedizinische Team ist nur ein (eher unfreiwilliger) Zeuge des Geschehens und hat eine rein deskriptive Funktion. Es darf keine Privatdetektive in roten Jacken geben!

Dennoch kommt dem Rettungsteam eine wichtige Rolle zu: Häufig hat der Rettungsdienst den Erstkontakt zum Betroffenen und niemand sieht später die räumlichen Verhältnisse so wie in der Auffindesituation – es kommt eigentlich immer zu (unbeabsichtigten) Veränderungen der originären Situation. Jeder im Team, vom Praktikanten bis zum erfahrenen Notarzt, hat daher die Pflicht, sich Auffälligkeiten möglichst präzise zu merken und die Ermittlungsbehörden davon in Kenntnis zu setzen. Noch wichtiger ist es, selbst nicht gedankenlos und unbewusst Veränderungen vorzunehmen, sondern diese zu notieren und den Ermittlungsbehörden detailliert mitzuteilen. Manchmal lässt sich jedoch gar nicht so einfach trennen, was man objektiv beobachtet hat und was bereits einer persönlichen Deutung unterliegt. Beispiel: Ein Mann liegt leblos mit offensichtlich schweren Verletzungen vor einem Hochhaus, neben ihm liegt ein Putztuch und im sechsten Stock steht das Fenster offen. Genau dies sind die Fakten. Ob er beim Fensterputzen aus dem Fenster gefallen ist, muss Gegenstand von objektiven Ermittlungen der Polizei sein, auch wenn sich dieser Hergang zunächst aufdrängt. Ein weiteres Beispiel zeigt Abb. 5.**2**.

Jeder von uns hat unzählige Kriminalfälle im Kopf – ob aus Büchern, Filmen oder Zeitungen –, und gerade deshalb fällt es uns so schwer, die Fakten nur zu beschreiben und nicht zu interpretieren.

Abb. 5.**2** Missverständliche Auffindesituation bei einem natürlichen Tod durch Herzinfarkt am Arbeitsplatz. Der Tod war nicht Folge eines Treppensturzes, sondern der Sturz Folge des Kreislaufversagens.

Informationssammlung

Ist der Tod definitiv eingetreten und eine unnatürliche Todesart offensichtlich, so ist der räumliche Rückzug aller Beteiligten angezeigt und das Eintreffen der Polizei abzuwarten. In dieser Zeit hat keine weitere Informationssuche stattzufinden; nach alten Arztbriefen in den Aktenordnern im Wohnzimmerschrank zu suchen, ist nicht Aufgabe des Rettungsdienstes. Stattdessen ist dafür Sorge zu tragen, dass nicht noch mehr Spuren zerstört werden.

Die Weitergabe von Informationen darf nur an autorisierte Personen, nämlich die Polizeibeamten, erfolgen. Auskünfte an andere Personen sind strikt zu unterlassen, hier kommt der generellen Schweigepflicht eine besondere Bedeutung zu.

Folgende Empfehlungen für das Verhalten am Tatort sind zu beachten:
- schauen, erfassen, schweigen
- am Türrahmen stehen bleiben
- Eindrücke sammeln
- auf Kleinigkeiten achten

- dem ersten Anschein misstrauen
- keine unbedachten Bewegungen
- Hände in die Hosentaschen
- Mund halten – keine Herausgabe von Informationen an Unbefugte (jeder außer die Polizei)
- nicht zu früh rekonstruieren
- versuchen, sich alle bereits geschehenen Veränderungen und die ursprüngliche Auffindesituation zu merken, ggf. Anfertigung von Notizen und Skizzen

Fotodokumentation

Eine Fotodokumentation der Auffindesituation und der folgenden Maßnahmen ist ein zweischneidiges Schwert. Auf der einen Seite ist es eine hervorragende Möglichkeit, die Situation nahezu perfekt originalgetreu festzuhalten (Abb. 5.**3**), auf der anderen Seite darf nicht gegen das Recht auf informelle Selbstbestimmung verstoßen werden und ethische Grenzen sind zu wahren. In jedem Fall ist sämtliches Bildmaterial der Polizei zu übergeben und anschließend sind alle Daten zu löschen.

Bekanntlich ist es nicht gestattet, Personen ohne ihre Einwilligung zu fotografieren, dies bezieht sich auch auf Verstorbene. Generell darf bei einem

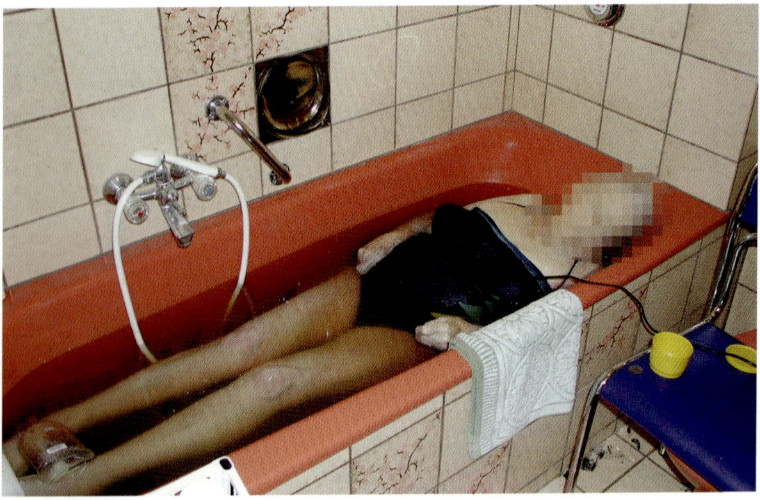

Abb. 5.**3** Typische Auffindesituation beim Suizid durch Stromeinwirkung in der Badewanne.

laufenden Ermittlungsverfahren Bildmaterial von Opfern nicht weitergegeben oder nach eigenem Ermessen verwendet werden. Nach Beendigung des Verfahrens ist dies auch nur nach Verfremdung der Person gemäß den gängigen Vorgaben des Persönlichkeitsschutzes beispielsweise im Rahmen von Fortbildungsveranstaltungen erlaubt. Es ist mehr als empfehlenswert, in eigenem Besitz befindliches Bildmaterial zu löschen, bevor es fälschlich verwendet wird.

5.3 Verhalten gegenüber anwesenden Personen

Verhalten gegenüber dem Opfer

Ist der Geschädigte eines körperlichen Angriffs ansprechbar, so ist ihm mit einem Maximum an Empathie und professionellem Auftreten zu begegnen. Eine ruhige, besonnene Art mit einem stringenten Ziel im Handeln ist der Schlüssel zum Erfolg. Unter Umständen befindet sich das Opfer in einer emotionalen Katastrophensituation mit scheinbarer Ausweglosigkeit. Tröstender körperlicher Kontakt ist aufzubauen – manchen Patienten ist dies eine große Hilfe, andere können damit eher weniger anfangen. Schon früh ist an eine psychosoziale Betreuung zu denken. Selbstverständlich steht jedoch zunächst die somatische Behandlung im Vordergrund.

Trotz aller Empathie ist ein neutrales Verhalten angezeigt und der Geschädigte darf nicht in seiner Meinung beeinflusst werden. Genauso wenig dürfen sich die Ersthelfer als Tatzeugen instrumentalisieren lassen – eine gewisse Distanz zum Opfer ist für den Fortgang der Ermittlungen wie auch für das eigene Verarbeiten des Erlebten von Vorteil. Manchmal gibt es auch keine scharfe Trennung in Opfer- und Täterrolle. Dies zu klären, ist aber nicht Aufgabe der Notfallmedizin. Natürlich ist das Opfer zur polizeilichen Aufarbeitung des Geschehnisses zu ermuntern – bei schwerwiegenden Delikten ist sowieso die Polizei zu verständigen, denn dann besteht auch ohne direkten Auftrag durch den Geschädigten ein Ermittlungsinteresse.

> Alle notfallmedizinischen Maßnahmen sind exakt zu dokumentieren, damit man sie im Nachhinein von anderen körperlichen Veränderungen unterscheiden kann. So sind beispielsweise auch alle nicht erfolgreichen Punktionsversuche zu dokumentieren, damit man die Punktionsorte nicht als ältere Punktionsstellen wertet. Verstirbt der Geschädigte im Rahmen der Versorgung, so ist alles medizinische Verbrauchsmaterial am Toten zu belassen.

Verhalten gegenüber den Angehörigen

Von Seiten der Angehörigen des Opfers besteht natürlicherweise ein hohes Informationsbedürfnis. Auch wenn dies nachvollziehbar ist, so ist dennoch die Schweigepflicht einzuhalten. Erst nach Ermächtigung durch den Geschädigten dürfen alle medizinischen Erkenntnisse weitergegeben werden. Kann man diese explizite Ermächtigung nicht einholen, so ist der wahrscheinliche Patientenwille entscheidend. Im Zweifelsfall sollte man nur ganz kurz auf den gesundheitlichen Zustand eingehen und auf eine spätere detaillierte Information durch den Geschädigten selbst oder durch die Ermittlungsbehörden verweisen. Da nicht immer klar ist, inwieweit Dritte in das Ereignis involviert waren und sind, sollte man mit einer Informationsweitergabe vorsichtig sein. Auch für die Angehörigen ist ggf. kurzfristig eine psychosoziale Betreuung zu organisieren.

Verhalten gegenüber dem Tatverdächtigen

Auch beim Täter sind eventuelle körperliche Verletzungen oder anderweitige gesundheitliche Beeinträchtigungen (zum Beispiel Drogeneinfluss) zu eruieren und ggf. sofort zu behandeln. Selbst wenn es manchmal schwer fallen mag, ist hier ein professionelles Auftreten zu fordern. Zudem sollte man sich bewusst machen, dass auch ein etwaiger Tatverdächtiger Opfer sein kann, das medizinische Hilfe benötigt.

Bei der Anamneseerhebung sollte man sich trotz Neugier bezüglich des Tatherganges und den Tathintergründen nur auf die körperliche Verfassung konzentrieren. Eine Beeinflussung des Täters zu irgendwelchen Äußerungen verbietet sich selbstverständlich.

Verhalten gegenüber den Ermittlungsbehörden

Die Zusammenarbeit zwischen Rettungsdienst und Polizei funktioniert in aller Regel gut. Je schwerwiegender ein Delikt ist, desto professioneller muss die Kooperation sein. Wichtig ist, dass sich das Rettungsteam auf seine originären Aufgaben konzentriert und zusätzlich nur seine Beobachtungen ohne jegliche Interpretation zu Protokoll gibt. Es ist noch einmal daran zu erinnern, dass die notfallmedizinische Behandlung der Patienten absoluten Vorrang vor den Ermittlungstätigkeiten hat. Ist während der Versorgung eine Befragung der Beteiligten durch die Polizei nicht möglich, darf auch das Rettungsteam die Befragung/Informationsbeschaffung nicht übernehmen.

Die vom Rettungsteam gemachten Beobachtungen müssen umfassend dokumentiert werden, damit auch später noch gegenüber der Polizei konkrete Angaben zum Sachverhalt gemacht werden können. Außerdem sind den Ermittlungsbehörden alle notwendigen Veränderungen am Auffindeort anzuzeigen, damit die Ermittlungen nicht auf einem falschen Spurenbild gründen.

Sind ausführliche Befragungen durch die Polizei nötig, sollten diese außerhalb der regulären Dienstzeit durchgeführt werden, da bei gebotener Einsatzbereitschaft die Konzentration und somit auch die Erinnerungsfähigkeit leidet.

Verhalten gegenüber der Presse/Öffentlichkeit

Alle größeren Institutionen im Rettungswesen sollten für den Fall eines erhöhten Medieninteresses an einem Notfalleinsatz einen Pressesprecher benennen, der auch entsprechend geschult wurde und daher genau weiß, welche Informationen veröffentlicht werden dürfen und was der Geheimhaltung im Sinne der Schweigepflicht bedarf. Besonders Filmaufnahmen sind kritisch zu werten, weil auch damit das Recht am eigenen Bild verletzt wird.

Bei Kriminalfällen wird die Öffentlichkeit ausschließlich über die Polizei informiert. Die Entscheidung, ob und ggf. welche Details einer Tat an die Öffentlichkeit gelangen, liegt allein bei ihr und wird von ermittlungstaktischen Gesichtspunkten gesteuert.

Sonderfall: Helfer als Beschuldigter

Sollte ein Helfer (egal mit welcher Qualifikation) eines körperlichen Vergehens am Patienten beschuldigt werden, ist umgehend zu gewährleisten, dass die Behandlung von einem anderen Team übernommen und adäquat fortgesetzt wird. Die Polizei ist frühzeitig hinzuzuziehen, möglichst vor Eskalation der Situation, um den Sachverhalt zügig zu dokumentieren. Entsprechende Vorgesetzte sind zu informieren.

6 Stumpfe Gewalt

Kasuistik

In der Nacht von Samstag auf Sonntag wird der Rettungsdienst zu einer Großraumdiskothek gerufen, weil es dort zu einer körperlichen Auseinandersetzung mehrerer angetrunkener junger Männer kam. Nur mit großer Mühe und Einsatz von Pfefferspray gelingt es der Polizei, die Kontrahenten zu trennen. Sie nehmen als RTW-Besatzung einen Patienten in Ihr Fahrzeug, da dieser laut Passanten die meisten Schläge und Tritte einstecken musste, während sich eine zweite Fahrzeugbesatzung um die anderen Beteiligten kümmert. Ihr Patient kneift aufgrund der Reizung durch das Pfefferspray permanent die Augen zusammen. Das gesamte Gesicht scheint geschwollen, die Blutung aus der aufgeplatzten Unterlippe sistiert bereits. Auf mehrmaliges Befragen gibt der Patient Schmerzen im Bereich der Rippen und im Abdomen an; der Kopf würde nach seinen Angaben gleich „platzen". Der sehr aufgebrachte und fahrig erscheinende Patient steht einer genaueren Untersuchung eher ablehnend gegenüber, er hätte heute Nacht schon genug Ärger gehabt. Sie führen die affektive Entgleisung auf den großzügigen Alkoholgenuss des Patienten zurück. Da die Vitalparameter stabil sind, entscheiden Sie sich für einen Transport ohne Notarztbegleitung ins nächstgelegene geeignete Krankenhaus mit der Arbeitshypothese „Verdacht auf Schädel- und Thoraxprellung sowie Ausschluss eines Abdominaltraumas bei begleitender Alkoholintoxikation". Eine Stunde nach diesem Einsatz werden Sie als NAW notfallmäßig in die chirurgische Ambulanz des Zielkrankenhauses gerufen, da dort bei Ihrem ehemaligen Patienten eine schwerwiegende Epiduralblutung festgestellt wurde und er zwischenzeitlich auch so vigilanzgemindert ist, dass er vom herbeigerufenen Notfallteam intubiert werden musste. Ihr Auftrag ist die Notfallverlegung in die bereits vorinformierte Neurochirurgie der zuständigen Universitätsklinik.

Sie beschleicht ein ungutes Gefühl, da die diensthabende Ärztin Sie auf das vorher von Ihnen nicht beschriebene große Hämatom am Schädeldach oberhalb der Hutkrempe sowie die vorliegende Pupillendifferenz aufmerksam macht. Der Patient kniff zwar immer die Augen zusammen, aber nun fällt es Ihnen schwer, glaubhaft zu machen, dass die Pupillendifferenz sich erst im Verlauf ausgebildet haben muss.

6.1 Einleitung

Verschiedene Formen stumpfer Gewalt begegnen uns allen tagtäglich, wir erleben sie nicht selten sogar am eigenen Leib. Während Verletzungen durch scharfe Gewalt, also etwa durch ein Messer oder Glasscherben, zwar auch nichtig sein können, fallen sie doch mehr auf, da sie fast immer bluten. Verletzungen durch stumpfe Gewalt können so harmlose Ereignisse sein wie zum Beispiel sich an einem Tisch anschlagen oder ein Stolpern mit Sturz aufs Knie, aber auch so gewaltsam und lebensbedrohlich wie ein Schlag auf den Schädel (Abb. 6.**1**) oder ein Sturz aus großer Höhe auf einen harten Boden. Stumpfe Gewalt wird definiert als *eine mechanische Einwirkung einer stumpfkantigen Fläche gegen den menschlichen Körper.*

6.2 Allgemeine Traumatologie

Verletzungen der Haut durch stumpfe Gewalt können Hautrötungen, Hauteinblutungen, Hautunterblutungen, Schürfungen, Quetschwunden, Risswunden

Abb. 6.**1** Tötungsdelikt durch mehrfache stumpfe Gewalteinwirkung gegen den Kopf. Das Blutspurenverteilungsmuster spricht dafür, dass zumindest einige Schläge gegen den Kopf an der Stelle erfolgten, in der das Opfer gefunden wurde.

oder Quetschrisswunden sein. Dabei sollte jedoch beachtet werden, dass das Fehlen äußerlich sichtbarer Verletzungen innere Verletzungen, auch schwererer Art, nicht ausschließt. Dies betrifft insbesondere Kinder.

Hautrötungen

Hautrötungen entstehen durch eine vermehrte Blutfülle in den Gefäßen der Haut nach vergleichsweise geringgradiger Einwirkung stumpfer Gewalt. Sie sind oftmals nur kurze Zeit (Minuten bis Stunden) sichtbar, in der sie nach und nach verblassen.

Hauteinblutungen

Hauteinblutungen sind – wie der Name bereits sagt – in der Dermis lokalisiert. Sie entstehen am Ort der primären Gewalteinwirkung. Sie sind in aller Regel punktförmig, hellrot, scharf begrenzt, seltener flächenhaft. Gelegentlich können die punktförmigen Blutungen so dicht nebeneinander lokalisiert sein, dass ein flächenhafter Eindruck entsteht. Häufig sind sie musterartig konfiguriert (Abb. 6.**2**), wobei sie den Negativabdruck des verursachenden Gegenstandes darstellen, wie etwa die Schuhsohle bei einem Tritt oder das grobe Reifenprofil eines LKW beim Überrollen. Sie sind meist weniger eindrucksvoll als die größeren und farblich intensiveren Hautunterblutungen, zeigen aber den Ort einer heftigen Gewalteinwirkung an (Abb. 6.**3**).

Abb. 6.**2** Intrakutane Blutungen in Form einer Kleiderabdruckmarke. Negativabdruck des Rollkragenpullovers nach Tritten gegen den Hals.

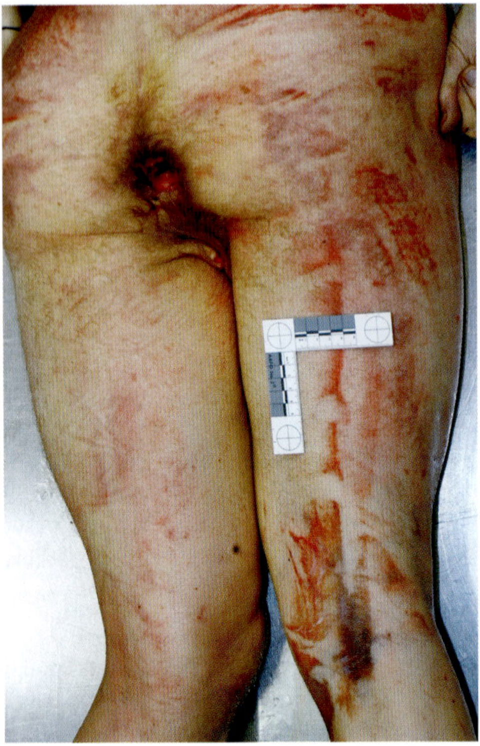

Abb. 6.**3** Reifenabdruck nach Überrollung durch einen LKW.

Hautunterblutungen

Hautunterblutungen – Hämatome, Suffusionen oder Sugillationen – sind im Unterhautfettgewebe lokalisiert. Sie können am Ort der primären Gewalteinwirkung auftreten oder auch abseits davon. Ein Beispiel für eine Blutung abseits der primären Gewalteinwirkung ist das Brillenhämatom nach Sturz auf den Hinterkopf. Hierbei kann es durch Druckverschiebungen im Schädelinneren zu Frakturen der Orbitadächer kommen mit nachfolgenden Blutungen ins Retroorbitalgewebe. Diese Blutungen werden dann auch äußerlich sichtbar (Abb. 6.**4**). Am Ort der Gewalteinwirkung entstehen Hämatome durch Gefäßzerreißungen im Unterhautfettgewebe, meist im Rahmen von Quetschungen. Da das Unterhautfettgewebe aus einer lockeren Läppchenstruktur aufgebaut ist, können sich die Blutungen flächenhaft ausbreiten und mit der Zeit auch ihre Lage verändern. So können beispielsweise ursprüng-

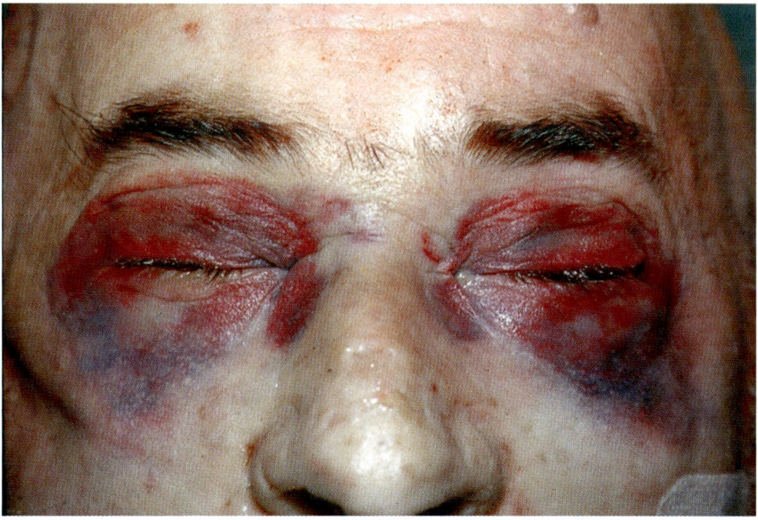

Abb. 6.**4** Brillenhämatom: Unterblutungen der Lidhäute beidseits.

lich im Bereich des Kiefers lokalisierte Hämatome infolge der Schwerkraft zum Hals hin abrutschen.

Hämatome werden mit der Zeit resorbiert, was mit einer Farbänderung einhergeht. Das frische Hämatom ist in aller Regel von blauvioletter Farbe (abhängig von der Stärke der Blutung und dem Hautfarbton) und geht mit der Zeit in eine grüne und dann in eine gelbe Farbe über. Da Hämatome von ihrem Rand her abgebaut werden, wird dort auch zuerst der Farbwechsel sichtbar, einhergehend mit einer zunehmenden Unschärfe der Ränder.

Schürfungen

Schürfungen entstehen durch eine tangentiale Gewalteinwirkung. Hierdurch werden je nach Stärke und Winkel der einwirkenden Kraft Teile der Oberhaut bis hin zur Lederhaut in Richtung der einwirkenden Kraft weggeschoben. Aus diesem Grund können am Ende der Schürfung tapetenartig zusammengeschobene Hautröllchen anhängen. Bei einer frischen Verletzung tritt Wundsekret aus, das bei einer tiefer reichenden Schürfung auch blutig sein kann. Aus dem Wundsekret entwickelt sich mit der Zeit ein gelbbräunlicher Schorf, der vertrocknet und die Wunde nach außen hin abdeckt.

Quetschwunden

Quetschwunden entstehen durch Druckkräfte, die so stark sind, dass die Haut in ihrer Kontinuität durchtrennt wird. Quetschwunden treten vor allem an Körperregionen auf, bei denen knöcherne Strukturen eher oberflächlich liegen, so dass die Haut und darunter gelegene Weichgewebsschichten zwischen dem stumpfkantigen Gegenstand und dem Knochen gequetscht werden.

Risswunden

Risswunden entstehen abseits des Ortes der primären Gewalteinwirkung durch Überdehnen der Haut. Sie sind gekennzeichnet durch glatte, nicht geschürfte Wundränder und Gewebsbrücken in der Tiefe. Der Wundrandverlauf ist in sich oftmals unregelmäßig, etwas wellig und nicht so geradlinig wie bei einer Schnittwunde. Häufig sind mehrere Risse nebeneinander zu finden, vor allem dann, wenn nur die äußeren Hautschichten betroffen sind. Solche Verletzungen finden sich beispielsweise in der Leistenbeuge von Fußgängern, die von hinten angefahren wurden (Abb. 6.**5**).

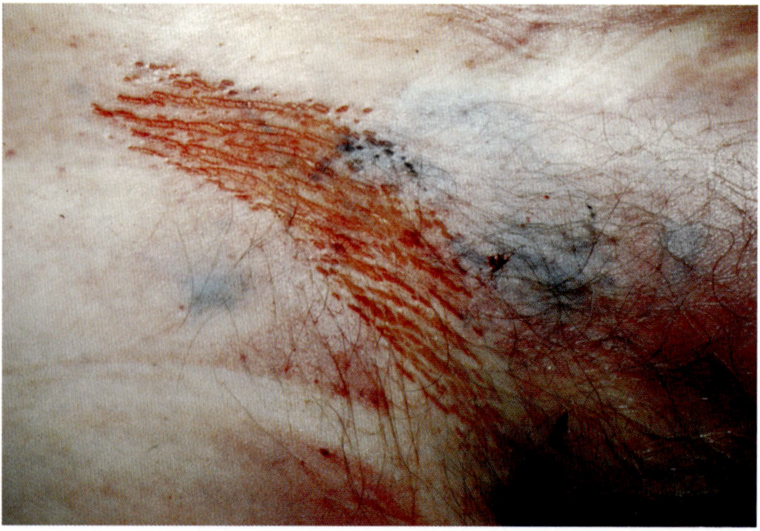

Abb. 6.**5** Überdehnungsrisse der Haut in der rechten Leistenregion eines Fußgängers als Folge eines wuchtigen PKW-Aufpralls auf die Beine von hinten.

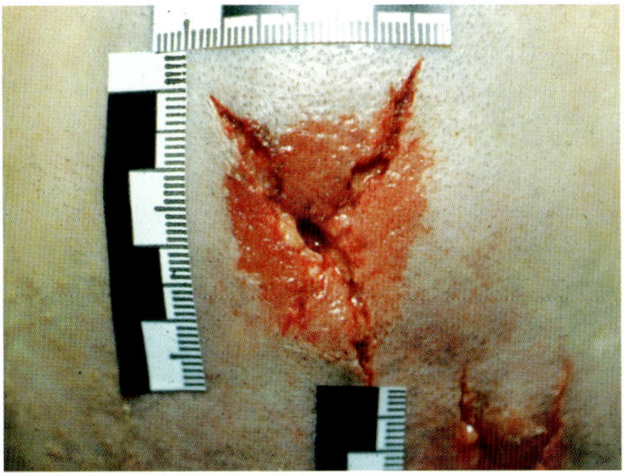

Abb. 6.**6** Mehrstrahlige Quetschrisswunde der Kopfschwarte nach Schlag mit einer Flasche.

Quetschrisswunden

Quetschrisswunden – auch Rissquetschwunden oder Platzwunden genannt – sind eine Kombination aus Quetschwunden und Risswunden. Durch Druck von außen, etwa durch einen Schlag, wird das Gewebe gequetscht, bis seine maximale Dehnbarkeit durch die Zugkräfte überschritten wird, so dass es einreißt. Die gequetschten Anteile der Wunde liegen zentral und sind durch geschürfte Wundränder gekennzeichnet (Abb. 6.**6**). Von diesen gehen meist mehrstrahlig rissartige Ausläufer aus, für die die gleichen morphologischen Kriterien gelten wie für Risswunden. Die geschürften Anteile geben größenmäßig und nach ihrer Form die Kontaktfläche des einwirkenden Werkzeugs wieder. Die rissartigen Ausläufer können größer sein als die gequetschten Anteile.

6.3 Spezielle Traumatologie

Schädel

Schädel-Hirn-Trauma

Das Schädel-Hirn-Trauma unterscheidet man nach der Schwere in unterschiedliche Grade: Am leichtesten ist die **Kopfprellung,** ein Bagatelltrauma gegen den Kopf, bei dem es zu Blutunterlaufungen oder auch zu teilweise heftig blutenden Kopfplatzwunden kommen kann. Da die Kopfschwarte gut innerviert ist, ist die Verletzung auch meist recht schmerzhaft. Wichtig ist aber, dass hierbei das Bewusstsein nicht beeinträchtigt wird.

Die nächste Stufe ist die leichteste Form einer Hirnschädigung, die **Gehirnerschütterung (Commotio cerebri)**. Die Commotio ist eine zentralnervöse Störung, es lassen sich keine Verletzungsspuren am Gehirn finden. Zeichen einer Commotio sind eine kurze Bewusstseinsstörung mit retrograder Amnesie, die dem Betroffenen nicht immer erinnerlich ist. Im Anschluss daran treten Übelkeit, Erbrechen und Kopfschmerzen auf.

Bei einer **Gehirnprellung (Contusio cerebri)** kommt es zu nachweisbaren Schädigungen des Gehirns, wie etwa Gefäßschäden, Subarachnoidalblutungen oder Rindenblutungen. Klinisch fallen die Patienten durch eine länger anhaltende Bewusstlosigkeit auf. Die Schäden heilen unter Defektbildung ab.

Die dritte Form der Hirnschädigung ist die **Gehirnquetschung (Compressio cerebri)**. Sie ist gekennzeichnet durch eine tiefer reichende Hirngewebsschädigung mit der Folge einer intrakraniellen Volumenzunahme durch Ödem und Blutung. Resultiert hieraus eine Einklemmung der Medulla oblongata mit dem Atemzentrum in das Foramen magnum, tritt meist der Hirntod ein.

Klinisch werden die verschiedenen Grade eines Schädel-Hirn-Traumas (SHT) mithilfe der Glasgow Coma Scale (GCS) bestimmt und in leichtes, mittelschweres und schweres SHT unterschieden.

Intrakranielle Blutungen

Durch starke stumpfe Gewalt gegen den Kopf kommt es zu intrakraniellen Blutungen, die nach ihrer Lokalisation unterteilt werden:

Epidurale Blutungen. Sie entstehen fast immer durch eine Schädelfraktur in der Schläfenregion mit Zerreißung der A. meningea media. Im CT stellen sie sich als linsenförmige Blutungen, zumeist mit einer Mittellinienverlagerung, dar. Zu beachten ist, dass es bei der epiduralen Blutung ein freies Intervall zwischen dem Trauma mit kurzzeitiger Bewusstlosigkeit und beginnender Hirndrucksymptomatik (neurologische Defizite, Erweiterung der ipsilateralen Pupille) gibt. Die Letalität liegt bei 5–10%.

Subdurale Blutungen. Sie liegen unter der harten Hirnhaut und treten als Begleitblutungen bei Schädelfrakturen oder isoliert bei Translationstraumen des Kopfes mit Verletzungen der Brückenvenen zwischen Hirnoberfläche und sichelförmigem Blutleiter auf. Sie können kombiniert sein mit subarachnoidalen Blutungen. Ein typisches Beispiel für das Auftreten isolierter subduraler Blutungen ist das Schütteltrauma eines Säuglings, bei dem es durch heftiges Hin- und Herpendeln des Kopfes zu Zerreißungen der Brückenvenen kommt.

Subarachnoidalblutungen. Traumatische Subarachnoidalblutungen (SAB) sind – im Gegensatz zu spontanen SAB, die von Rupturen der Hirnbasisschlagadern ausgehen – die Folge von Hirnkontusionen. Da die Arachnoidea hierbei oft einreißt, sind sie in aller Regel mit subduralen Blutungen kombiniert. Die subarachnoidale Blutung entsteht meist an der Gegenseite der Gewalteinwirkung durch Blutungen an den sogenannten Contrecoupherden (Gegenstoßprellungsherden). Das Gehirn wird durch die stumpfe Gewalt gegen den Schädel beschleunigt und prallt an die Gegenseite. Beim Rückprall entsteht ein Unterdruck, der zu einem Herausreißen der an der Schädelinnenseite anheftenden Gefäße führt. Der Druck gegen das Gehirn hingegen verursacht kaum Schäden.

Intrazerebrale Blutungen. Diese Form einer Blutung in das Gehirn ohne Verbindung zur Hirnoberfläche ist als Folge eines Traumas äußerst selten. Sie tritt nur bei massiven Rotationsbeschleunigungen des Kopfes auf. Bei der Rekonstruktion eines Unfalls werfen sie viele Fragen auf, denn es ist schwierig zu klären, ob der Patient aufgrund des Unfalls die intrazerebrale Blutung bekommen hat oder ob eine Massenblutung im Sinne eines hämorrhagischen Insults der Auslöser für den Unfall war.

Gesicht und Hals

Gesicht

Typische Verletzungen für stumpfe Gewalteinwirkung gegen das Gesicht – etwa durch Schläge – sind das Monokelhämatom, Quetschwunden oder Quetschrisswunden im Bereich der Augenbrauen, Schürfungen und/oder der Hämatome der Wangen und der Jochbogenregion oder der Kieferwinkel. Durch Faustschläge gegen das Gesicht können Frakturen der Jochbeine, des Nasenbeins oder des Unterkiefers entstehen. Brüche des Gesichtsschädels unterteilt man nach Le Fort in Grad I–III (Abb. 6.**7**), wobei diese Einteilung nur bedingt etwas über die Entstehung der Fraktur aussagt. Eine Sonderform ist die Blow-out-Fraktur, bei der es durch stumpfe Gewalt gegen den Augapfel zu einer Fraktur der Orbita kommt.

Hals

Bei schweren Verletzungen des Halses liegen am häufigsten Frakturen des Kehlkopfs, Prellungen der Schilddrüse und eine Verletzung der A. carotis int. im Sinn einer inkompletten Ruptur vor. Eine vollständige Ruptur ist nur bei

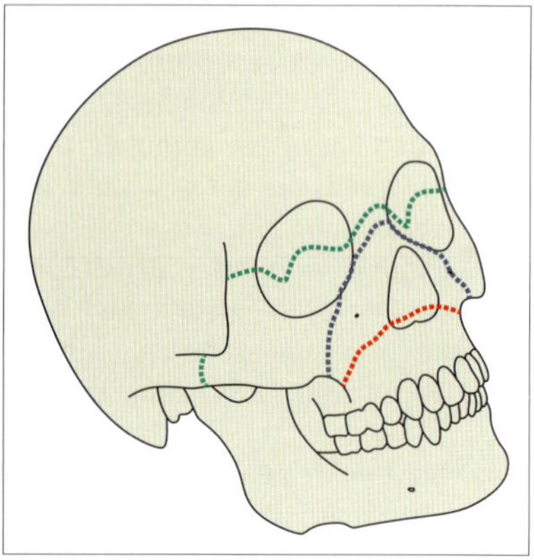

Abb. 6.**7** Le-Fort-Klassifikation der Gesichtsfrakturen:
rot = Typ I,
blau = Typ II,
grün = Typ III.

massivster Gewalt zu erwarten und unmittelbar tödlich, während die unvollständige Ruptur ein sehr unterschiedliches Erscheinungsbild haben kann und daher leicht zu übersehen ist. Bei Verletzungen des Kehlkopfs droht wegen der Ödembildung und der Blutungen die Gefahr der Atemwegsverlegung mit nachfolgendem Ersticken.

Rumpf und Extremitäten

Wirbelsäule

Für eine Verletzung der Wirbelsäule bedarf es einer relativ starken einwirkenden Gewalt, außer es bestehen Vorerkrankungen wie beispielsweise eine Osteoporose. Die Folge kann eine Kontusion, eine Einklemmung und/oder ein Abriss des Rückenmarks sein. Je nach Höhe entstehen Lähmungen bis hin zur Tetraplegie. Der sogenannte „Genickbruch“ kommt durch eine Fraktur der Halswirbel C1/2 oder eine Luxation des Kopfes zustande. Hierbei werden der Hirnstamm und das Halsmark so stark geschädigt, dass der Tod schnell eintritt. Dies ist aber ein seltenes Ereignis.

Thorax

Die im Thorax liegenden Organe sind zwar durch den Rippenkorb geschützt, dieser hält jedoch kräftigeren Gewalteinwirkungen nicht stand. Eine umschriebene, aber auch flächenhafte Gewalteinwirkung kann zu Rippenfrakturen führen. Man spricht von Rippenserienbrüchen, wenn mehrere benachbarte Rippen frakturiert sind, von Rippenstückbrüchen, wenn eine oder mehrere Rippen mehrfach gebrochen sind. Beim Kind kann es durch die besonders elastischen Verbindungen der Rippen auch ohne Frakturen zu Quetschungen von Herz und Lunge kommen.

Das Herz kann grundsätzlich, wenn auch selten, rupturieren, insbesondere im Bereich des rechten Ventrikels. Die Aorta kann bei Beschleunigungstraumen am Aortenisthmus rupturieren, selten auch in Höhe der Aortenklappen. Die Lunge kann entweder geprellt bzw. gequetscht werden oder bei Rippenfrakturen auch durch freie Bruchenden angespießt werden. Hierbei kann ein Hämatothorax, ein Pneumothorax oder ein Hämatopneumothorax entstehen.

Abdomen

Im Gegensatz zum Thorax sind die Organe im Abdomen von vorne nicht durch knöcherne Strukturen geschützt. Dennoch werden gerade die Organe des Mittelbauchs (hauptsächlich der Darm) durch stumpfe Gewalteinwirkung selten verletzt. Eher häufig rupturieren hingegen die Organe des Oberbauches, nämlich Leber und Milz. Selten kommt es zu einer Ruptur des Pankreas oder der Harnblase, außer diese ist im Moment der Gewalteinwirkung prall gefüllt. Bei Gewalteinwirkung von hinten sind die Nieren meistens mit betroffen. Allgemein muss man bei Verletzungen von Organen mit Kapsel, wie etwa der Milz, die Gefahr einer zweizeitigen Ruptur beachten und solche Patienten engmaschig kontrollieren. Sehr selten kann es durch stumpfe Gewalt gegen das Abdomen zu einer Aortenruptur kommen, dann liegt aber häufig eine Vorschädigung der Aorta vor. Bei Schwangeren kann der Fetus oder die Plazenta geschädigt werden.

Becken

Beckenfrakturen sind meist Folge von Verkehrsunfällen oder Stürzen aus großer Höhe. Sie werden in Typ A, B und C unterteilt. Zum Typ A gehören stabile Abbrüche oder Risse im Randbereich des Beckens. Typ-B-Frakturen sind auch als „open book"-Frakturen bekannt, da es zu einem Bruch der Symphyse oder dem vorderen Beckenring kommt und sich das Becken bei der klinischen Untersuchung „aufklappen" lässt. Typ-C-Frakturen sind zusätzlich zur Rotationsinstabilität auch vertikal instabil. Das Problem bei instabilen Beckenfrakturen

(Typ B und C) sind meist starke Blutungen aus den das Becken versorgenden Gefäßen. Sie lassen sich nicht, wie etwa die A. femoralis, abdrücken, so dass ein Druck von außen gegen das Becken präklinisch die einzige Möglichkeit ist, diese Blutungen zu minimieren.

Extremitäten

Die langen Röhrenknochen brechen durch Biegung, Drehung oder Kompression. Je älter der Patient ist, desto leichter brechen seine Knochen. Eine typische Extremitätenverletzung bei älteren Menschen ist die Schenkelhalsfraktur nach einem Sturz.

Kriminalistische Aspekte

Die anatomische Lokalisation und die Verteilung von Verletzungen können Hinweise auf deren Entstehung geben (sog. Verletzungsmuster). So sprechen zum Beispiel Verletzungen am Kopf oberhalb der **Hutkrempenlinie** eher gegen einen einfachen Sturz und mehr für einen Schlag durch fremde Hand. Sowohl bei stumpfer als auch bei scharfer Gewalt können **Parierverletzungen** entstehen, wenn das Opfer versucht, sich vor dem Angriff zu schützen, indem es die Arme vor den Körper nimmt. Dadurch entstehen vor allem Verletzungen an den Ellenseiten der Unterarme. Wenn das Opfer an den Oberarmen gepackt wird, können auch noch nach einigen Tagen fingerkuppengroße Hämatome an diesen Stellen auftreten. Flächenhafte Verletzungen des Rückens oder Verletzungen an den Ohren kommen häufiger bei Gewaltdelikten vor. Sturzbedingte Verletzungen finden sich eher über vorstehenden knöchernen Partien, etwa an den Knien, den Ellbogen, den Schultern, den Hüften oder am Kinn, am Hinterhaupt oder an den seitlichen Stirnanteilen.

7 Strangulation

Kasuistik

Sie stehen gerade vor einem Dönerstand und warten auf Ihr wohlverdientes Mittagessen, als aus dem Nachbarhaus eine junge Frau heraustorkelt, die verwirrt erscheint. Auf den ersten Blick vermuten Sie Genuss von zu viel Alkohol, doch als die Frau Sie und Ihr Fahrzeug sieht, kommt sie auf Sie zu und bittet Sie, ihr zu helfen. Sie legen Ihren Döner zur Seite und gehen mit der jungen Frau und Ihrer Kollegin in den RTW. Die Anwesenheit einer anderen Frau scheint für die Patientin sehr beruhigend zu sein. Im RTW fällt Ihnen erst auf, dass die Kleidung der Frau scheinbar völlig unwillkürlich angezogen wurde, was den verwirrten Eindruck, den die Frau macht, noch erhöht. Sie berichtet, dass sie in ihrer Wohnung aufgewacht sei, auf dem Boden lag und sich an nichts erinnern könne. Sie habe starke Schmerzen im Hals und beim Schlucken, wie bei einer schlimmen Halsentzündung. Ihre Kollegin bittet die Patientin, den Rollkragenpullover auszuziehen, und entdeckt dabei am Hals auf beiden Seiten Hämatome in Fingergröße. Auch wenn es der Patientin sichtbar peinlich ist, fragen Sie sie, ob sie beim Aufwachen bemerkt habe, dass sie sich eingenässt habe, was sie bestätigt. Sie vermuten einen Würgeangriff gegen den Hals mit Verdacht auf Kehlkopffraktur. Daher geben Sie der Leitstelle Bescheid und bringen die Patientin in die nächste größere Klinik mit HNO-Abteilung mit dem Hintergedanken, dass dort außerdem ein Rechtsmediziner zur Begutachtung der Verletzungen hinzugezogen werden kann.

7.1 Einleitung

Im Prinzip ist das Aussetzen der Atmung die Endstrecke jeden Sterbens. In diesem Kapitel soll es aber um die Fälle gehen, in denen das Ersticken der Grund für das Sterben ist. Befunde am Opfer, die auf einen Erstickungstod hinweisen, sind oft schwierig zu interpretieren, da sie auch bei einem natürlichen Tod auftreten können. Umso wichtiger ist hier die Begutachtung der Umgebung, die Hinweise auf einen herbeigeführten Erstickungstod geben kann.

7.2 Begriffsdefinitionen

Für die Beschreibung der **Atemnot** und der **aussetzenden Atmung** gibt es viele medizinische Begriffe, die voneinander unterschieden werden müssen:

- Hypoxie/Anoxie: zu wenig bzw. kein Sauerstoff
- Asphyxie: lebensbedrohliche Unterbrechung der Atmung, Kombination aus Hypoxie und Hyperkapnie (Anstieg der CO_2-Konzentration im Blut)
- Dyspnoe: erschwerte Atmung, Atemnot
- Apnoe: keine Atmung. Im Unterschied zur Asphyxie ist bei der Apnoe eine Lebensbedrohung nicht zwingend und es muss auch noch nicht zu einer Hyperkapnie bzw. einer Hypoxie gekommen sein (zum Beispiel Apnoe-Taucher)
- Zyanose: bläuliche Verfärbung der Haut und/oder der Schleimhäute aufgrund einer Verminderung des Sauerstoffgehaltes im Blut

Der **Erstickungstod** lässt sich in folgende Phasen gliedern:

1. Atemnot (fehlt beim hypoxischen Ersticken), gekennzeichnet durch eine verstärkte Atmung, Dyspnoe, Zyanose und Verlust des Bewusstseins
2. Erstickungskrämpfe, entwickeln sich aufgrund des O_2-Mangels im Gehirn und werden begleitet von Tachykardie und Hypertonie, teilweise mit Urin- und Kotabgang
3. präterminale Atempause, Atemstillstand mit Tachykardie und Hypotonie
4. terminale Atembewegungen/Schnappatmung

7.3 Obduktionsbefunde bei Tod durch Ersticken

Leider sind die im Folgenden genannten Befunde nicht beweisend für einen Erstickungstod, da sie auch bei anderen Todesursachen vorkommen bzw. nicht zwingend bei Erstickten auftreten müssen. Dennoch werden sie hier aufgeführt, da sie Hinweise auf einen Erstickungstod geben können.

Zyanose. Beim Lebenden ist die Zyanose ein deutliches Zeichen für einen Mangel an Sauerstoff, bei der Leiche ist sie bereits kurze Zeit nach dem Tod nicht mehr zu beurteilen.

Blutstauung. Hierbei handelt es sich um eine Blutüberfüllung der Organe bei einer meist weiten rechten Herzhälfte. Bei einem Angriff gegen den Hals kann man eine obere Einflussstauung beobachten, die aber auch bei anderen Krankheitsbildern auftreten kann. Bei einer Obduktion fällt außerdem das flüssige Blut in den Gefäßen eines Erstickten auf.

Lungenveränderungen. Je nach Ursache der Erstickung kann man in der Lunge ein akutes Lungenemphysem oder ein Lungenödem (meist hämorrhagisch) finden.

Petechien. Diese Stauungsblutungen im Gesicht treten bei Angriffen im Kopf-Hals-Bereich auf (beispielsweise Würgeangriff gegen den Hals). Allerdings können sie auch aus vielen anderen Gründen entstehen, so etwa bei einer Frau kurz nach der Entbindung.

7.4 Erstickungsformen

Verlegen der Atemwege

Die Atemwege werden verlegt, wenn dem Opfer bei einem tätlichen Angriff Mund und Nase zugehalten werden, um es am Schreien zu hindern. Allerdings kann sich ein gesunder Erwachsener so massiv dagegen wehren, dass er dem Ersticken entgeht. Todesgefahr besteht aber dann, wenn das Opfer sich übergeben muss und aspiriert. Alte Menschen, Kranke und Säuglinge lassen sich durch Verlegen der Atemwege relativ leicht und schnell ersticken. Besonders bei Säuglingen können Spuren des Verbrechens gänzlich fehlen. Typische Zeichen für ein Verlegen der Atemöffnungen sind Kratzer, Schürfungen rund um Mund und Nase sowie Blutunterlaufungen an der Innenseite der Lippen. Diese Zeichen können jedoch sehr diskret auftreten, so dass bei der Untersuchung besonders darauf geachtet werden muss.

> Bereits beim geringsten Verdacht auf eine Verlegung der Atemwege darf bei der Leichenschau nicht mehr „natürliche Todesursache" angekreuzt werden.

Zum Tod durch Verlegung der Atemwege gehört auch das Ersticken unter einer Plastiktüte. Dies kann in suizidaler Absicht, akzidentiell oder beim Versuch, berauschende Gase zu inhalieren, geschehen. Die Tüte muss nicht luftdicht um den Hals sitzen. Da am Anfang CO_2 in die Tüte abgeatmet wird, fehlt eine dramatische Erstickungssymptomatik.

Knebeln

Um das Opfer am Schreien zu hindern, werden beim Knebeln Fremdmaterialien – häufig Textilien – in den Mund eingebracht. Erreichen diese durch Aufquellen ein kritisches Volumen von 150–200 ml, wird es im Rachenraum so eng, dass dem Opfer entweder durch den Knebel selbst oder durch die zurückgedrängte Zunge die Atemwege verlegt werden. Nach Todeseintritt wird der Knebel oft wieder entfernt. Bei einer genauen Untersuchung des Opfers fallen aber Verletzungen der Mundschleimhaut und Textilfasern im Mund auf. Wichtig ist auch, dass die meisten Knebel erst im Mund aufquellen und dadurch erst verspätet ein lebensbedrohliches Volumen erreichen.

Bolustod

In den meisten Fällen gerät akzidentiell ein zu großer Gegenstand in den Pharynx und kann nicht geschluckt, aber auch nicht wieder ausgewürgt werden. Lässt sich die Verlegung der inneren Atemwege nicht beseitigen, tritt der Tod durch Ersticken ein.

Aspiration

Auch bei der Aspiration werden die inneren Atemwege verlegt, allerdings eine anatomische Station tiefer. Das Opfer atmet ein Fremdmaterial, meist Blut oder Mageninhalt, ein. Dies geschieht häufig bei bewusstlosen Patienten, etwa infolge eines SHT oder einer Intoxikation.

Positionsbedingter Erstickungstod

Unter diesem Begriff werden alle Todesarten zusammengefasst, bei denen das Opfer durch eine unglückliche Lage an der Atmung gehindert wird. Dazu gehören besonders die Fälle, in denen die Thoraxexkursion stark beeinträchtigt wird, wie zum Beispiel beim Sturz in ein falsch angelegtes Gurtzeug bei Bergsteigern, bei der Verschüttung in Sand, Beton etc. und beim Niedergetrampeltwerden während einer Massenpanik. Das Problem ist die Behinderung der Atmung und ein verminderter venöser Rückfluss.

Zum positionsbedingten Erstickungstod gehören auch die Todesfälle durch polizeiliche Festhaltemaßnahmen. Besonders gefährdet sind Gefangene, die durch Alkohol- und Drogenkonsum in einem agitierten Zustand sind. Wenn sie auf dem Bauch liegend fixiert werden, indem sich jemand auf ihren Thorax setzt, reichen die eingeschränkten Atembewegungen nicht mehr für den vermehrten Sauerstoffbedarf aus. Aus diesem Grund muss der Rettungsdienst auf alle Formen der Fixierung verzichten, durch die die Thoraxexkursionen des Patienten eingeschränkt werden.

Eine Sonderform ist das als „Burking“ bezeichnete Tötungsdelikt, das auf den Serienmörder William Burke zurückgeht. Dieser tötete Anfang des 19. Jahrhunderts seine Opfer, indem er ihnen Mund und Nase zuhielt und sich rittlings auf ihren Brustkorb setzte. Da es zu kaum sichtbaren Zeichen des unnatürlichen Todes kam, konnte er seine Opfer an die anatomischen Institute für Sektionen verkaufen.

7.5 Formen der Strangulation

Dieser Begriff steht für 3 Arten der mechanischen Kompression der Halsweichteile, die zu einer Hypoxie des Gehirns führen: das Erhängen, das Erwürgen und das Erdrosseln. Sie alle bewirken eine zerebrale Ischämie durch eine Kompression der Arterien, eine Asphyxie durch das Abdrücken der Trachea und eine venöse Stauung durch die Kompression der Venae jugulares. Außerdem spielt bei allen Strangulationsformen ein reflektorischer Anteil durch die Reizung des Karotissinus- und des Vagusreflexes eine Rolle. Die drei Hauptmechanismen wirken bei den verschiedenen Strangulationsarten unterschiedlich stark schädigend.

Erhängen

Wichtige Grundvoraussetzung ist ein Strangwerkzeug, meist ein um den Hals gelegtes Seil oder ein Strick. Die Strangulation erfolgt durch das eigene Körpergewicht, so dass sie auch bei Suiziden möglich ist. Hauptmechanismus ist die Kompression der Halsarterien mit der daraus resultierenden Unterbrechung der Gehirndurchblutung. Hierdurch tritt bereits nach 5–10 Sekunden eine Bewusstlosigkeit ein. Das Genick wird nur in seltenen Fällen gebrochen.

Beim Erhängen unterscheidet man 2 Formen: Das typische Erhängen entspricht dem gängigen Bild, das man aus Wildwestgeschichten kennt, in denen Kriminelle zur Strafe erhängt werden. Die Schlinge verläuft symmetrisch um den Hals, der Aufhängepunkt ist im Nacken und der Erhängte hängt komplett frei (Abb. 7.**1**). Diese Form des Erhängens ist heutzutage eher selten. Wesentlich häufiger ist das atypische Erhängen, bei dem die Schlinge nicht symmetrisch verläuft, der Knoten sich nicht im Nacken befindet und der Körper zum Teil aufliegt.

Abb. 7.**1** Suizid durch Erhängen in einer Scheune. Der Aufhängepunkt liegt im Nacken, das Opfer hängt komplett frei.

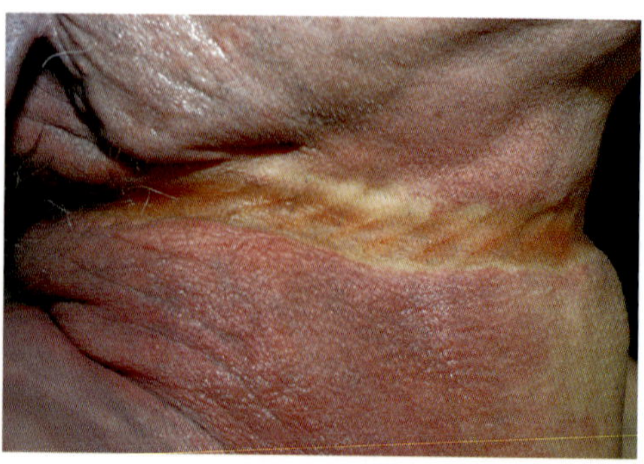

Abb. 7.**2** Strangmarke am Hals nach Suizid durch Erhängen.

Beim Opfer findet man äußerlich eine Strangfurche entlang des Schlingenverlaufs (Abb. 7.**2**), eine Speichelabrinnspur und beim atypischen Erhängen Stauungszeichen. Je nachdem, wie der Körper in der ersten Zeit nach Eintritt des Todes hing oder auflag, zeigen sich die Totenflecken. Bei der Obduktion finden sich folgende Zeichen: Auf Höhe der Strangmarke kommt es zu einer Kompression des Unterhautfettgewebes und zu einer bräunlichen Vertrocknung, jedoch entstehen in der Regel keine Einblutungen. Diese findet man am Ursprung der Halsmuskulatur, also am Sternum und an der Klavikula. Außerdem kann es bei Verwendung eines breiten Strangwerkzeuges zu einer Fraktur des Kehlkopfes, des Zungenbeins und des Ringknorpels kommen.

Erwürgen

Bei dieser Form der Strangulation wird kein Werkzeug im eigentlichen Sinne benötigt, sondern die Hände üben die Kraft auf den Hals aus. Aus Berichten Überlebender weiß man, dass die meisten Würgeversuche von vorne und mit beiden Händen stattfanden. Versuche an Leichen haben gezeigt, dass auch bei starker Krafteinwirkung mit beiden Händen höchstens eine, aber nie beide Halsarterien komprimiert werden. Daher spielt die Ischämie im Sinne einer Mangeldurchblutung hier die kleinste Rolle, der Tod wird hauptsächlich durch die Asphyxie aufgrund einer primären Atemstörung und die venöse Stauung (die Venen sind leichter zu komprimieren) herbeigeführt.

Die Befunde am Opfer sind meist deutlich zu erkennen. Es zeigen sich Würgemale am Hals (Abb. 7.**3a**), die allerdings dezent ausfallen können, wenn zum Beispiel mit dem Unterarm gewürgt wird (Abb. 7.**3b**). Im Kopf-Hals-Bereich kommt es zu Dunsungen (Stauungen) mit Zyanose, Petechien rund um Augen, Mund und an den Schleimhäuten sowie zum Blutaustritt aus den Atemöffnungen.

Erdrosseln

Auch hier bedarf es eines Werkzeugs, mit dem der Hals komprimiert wird. Die Kraft wird aber nicht durch das Körpergewicht des Opfers eingeleitet, sondern manuell durch Zuziehen des Drosselwerkzeugs. Todesursache ist die Kombination aus Asphyxie, venöser Stauung und Ischämie. Leider ist es unter Jugendlichen eine Art Trendsport und Mutprobe geworden, sich bis zur Bewusstlosigkeit zu drosseln, mit dem Ziel, einen Rausch ohne Drogeneinwirkung zu erleben (Choking-Game oder Pilotentest genannt). Nur zu leicht kann es bei solchen „Spielchen" zu schweren Gesundheitsbeeinträchtigungen und sogar zum Tod kommen.

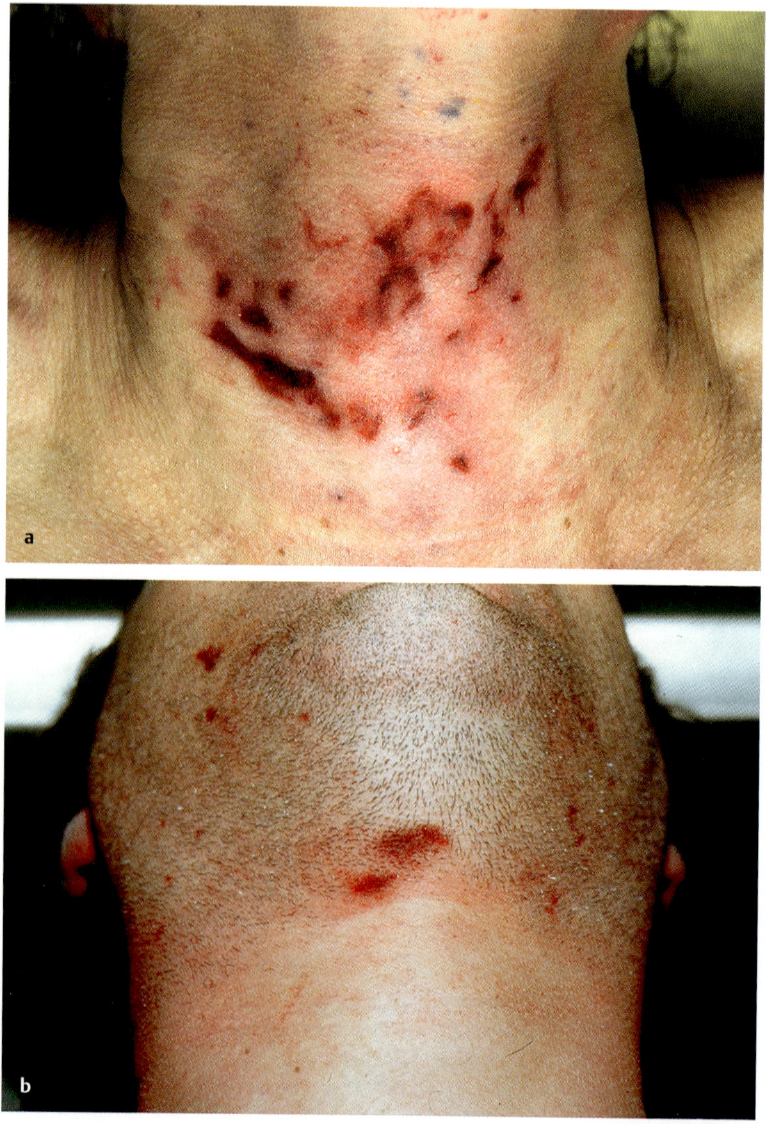

Abb. 7.**3 a, b** Würgemale: **a** deutlich ausgeprägt am Hals, **b** diskret als rotbraune Vertrocknung an Hals und Oberkiefer zu erkennen.

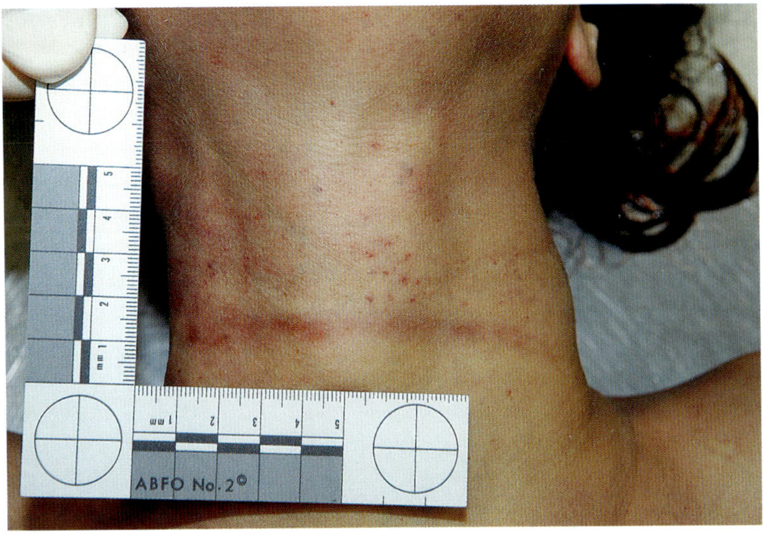

Abb. 7.**4** Drosselmarke am Hals

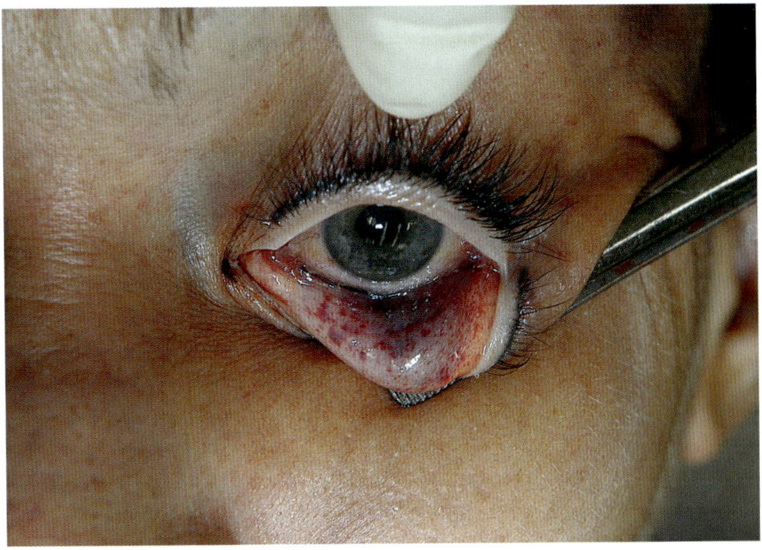

Abb. 7.**5** Punktförmige Blutungen der Bindehäute nach einer tödlichen Drosselung.

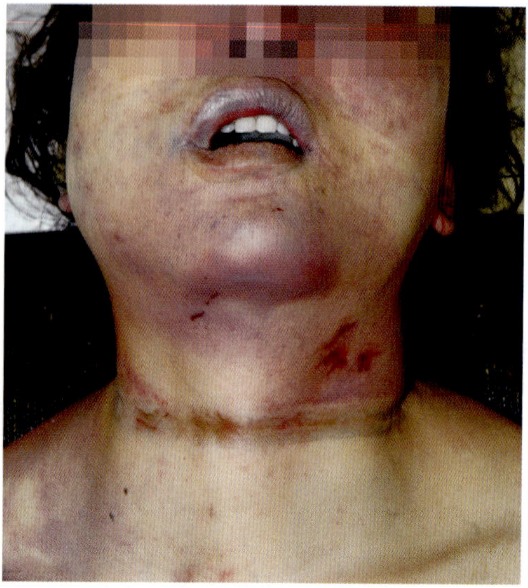

Abb. 7.**6** Drosselmarke am Hals und Dunsung sowie livide Verfärbung des Gesichts als Folge einer tödlichen Drosselung.

Bei den Leichen findet man neben einer Drosselmarke (Abb. 7.**4**) Stauungszeichen am Kopf. Dazu gehören Petechien rund um Augen, Mund und an den Schleimhäuten (Abb. 7.**5**), außerdem eine allgemeine Schwellung im Gesichtbereich mit Zyanose (Abb. 7.**6**). Je nach Stärke der Drosselung kann es auch zu Blutaustritten aus den Atemöffnungen und weiteren Begleitverletzungen wie etwa Frakturen kommen.

7.6 Suizid oder Tötung?

Die 3 Varianten der Strangulation unterscheiden sich nicht nur in ihrer Ausführung und ihrer Todesursache, sondern sie lassen auch Rückschlüsse darauf zu, ob es sich eher um einen Suizid oder ein Tötungsdelikt handelt. Beim Erhängen handelt es sich bei der Mehrzahl der Fälle um einen Selbstmord oder einen Unfall, selten liegt hier ein Delikt vor. Dagegen ist beim Erdrosseln meist von einem Tötungsdelikt auszugehen. Zwar ist es möglich, sich mittels Erdrosseln selber umzubringen, da nur die Krafteinleitung manuell ist, dennoch wird diese Methode selten von Suizidenten angewandt. Dagegen wird Drosseln (wie auch das Strangulieren) immer häufiger als Mutprobe oder als autosexuelle Handlung verwendet. Dabei drosseln sich die Betroffenen so lange, bis eine zentrale Erregung eintritt. Erwürgen schließt einen Suizid quasi aus. Es gibt zwar die Möglichkeit, dass sich jemand selber würgt, bewusstlos wird, aspiriert und daran verstirbt, aber diese Fälle sind sehr selten.

7.7 Überlebte Angriffe

Was gilt es zu beachten, wenn ein Opfer einen Würgeangriff überlebt? Eine genaue Untersuchung sollte innerhalb der ersten 24 Stunden, spätestens jedoch 2 Tage nach dem Angriff erfolgen, da die typischen Befunde wie Petechien und eine Dunsung des Gesichts danach nicht oder nur noch schlecht zu erkennen sind. Anamnestisch geben die Patienten oft Heiserkeit, Schluckbeschwerden und Schmerzen im Hals an. Meist sind Strangulationsmale zu erkennen, bei effektiver Strangulation außerdem Petechien im Gesichtsbereich. Wichtig ist es, den Patienten gezielt danach zu fragen, ob ihm „schwarz vor Augen" wurde, er kurzzeitig bewusstlos war, ob Urin oder Kot unwillentlich abgegangen sind und ob er sich an Krämpfe erinnern kann. Alle diese Symptome deuten darauf hin, dass das Opfer einen schweren Sauerstoffmangel im Gehirn erlebt hat.

8 Scharfe Gewalt

Kasuistik

Gegen 2.00 Uhr in der Nacht werden Sie zu einem gemeldeten Raubüberfall auf ein Taxi alarmiert. Sie werden von den vor Ihnen eingetroffenen Polizeibeamten bereits erwartet, so dass Sie auch keine weiteren Maßnahmen der Eigensicherung ergreifen müssen. Sie finden den 46-jährigen Taxifahrer blutüberströmt in einem hämorrhagischen Schock vor, so dass Sie sich mit Ihrem Team entschließen, den Patienten im Sinne einer Crash-Rettung in den RTW zu verbringen. Während im RTW venöse Zugänge und Infusionslösungen vorbereitet werden, schneiden Sie die Kleidung des bedingt ansprechbaren Mannes auf. Auffällig sind mehrere kleine Schnittwunden an beiden Händen. Zudem entdecken Sie eine stark blutende, klaffende Wunde an der rechten Halsseite, eine Schnittverletzung am rechten Oberarm und eine Stichwunde an der rechten Thoraxseite. Da auskultatorisch rechts das Atemgeräusch abgeschwächt und die Atmung eingeschränkt ist, entschließen Sie sich nach der Wundversorgung inklusive manueller Kompression der Halswunde und Anlage zweier großvolumiger Venenzugänge zur Anlage einer Bülau-Thoraxdrainage im 4. ICR rechts in Analgosedierung. Aus der Drainage entleert sich etwa ein Liter Blut. Aufgrund Ihrer Maßnahmen verbessert sich die respiratorische Situation unter Sauerstoffinsufflation deutlich und nach Verabreichung von 1,5 Litern kristalloider und kolloidaler Infusionslösungen steigt der Blutdruck auf 90 mmHg systolisch, so dass Sie den notfallmäßigen Transport in den Schockraum einer Klinik mit HNO-Abteilung und Thoraxchirurgie antreten können. Zuvor werden Sie von den Polizeibeamten, die unter hohem Fahndungsdruck stehen, gefragt, was Sie zu den Verletzungen und dem vermutlichen Tathergang sagen können, da der Patient nicht vernehmungsfähig sei. Sie geben an, dass es sich um mehrere potenziell lebensbedrohliche Schnitt- und Stichverletzungen handelt. Ergänzend vermuten Sie aufgrund der streng rechtsbetonten und der beidseitigen Abwehrverletzungen an der Hand, dass der Angriff im Taxi stattgefunden und sich der Fahrer vermutlich gewehrt hat.

Zwei Tage später erfahren Sie, dass der Patient bei seiner Vernehmung auf der Intensivstation Ihre Vermutungen bestätigt hat. Der Täter habe den Fahrer aufgefordert anzuhalten und ihm die Kasse auszuhändigen. Trotz der bedrohlichen Situation versuchte der Fahrer, dem Angreifer das zur Drohung vorgehaltene Messer zu entreißen, woraufhin der Täter unvermittelt seinem Opfer mit dem Messer zusetzte.

8.1 Einleitung

Scharfe Gewalt bezeichnet alle Verletzungen, die durch Gegenstände verursacht werden, die entweder eine scharfe, schneidende Kante aufweisen oder spitz zulaufen. Hauptsächlich werden Messer, Dolche oder Glasscherben, seltener dagegen Scheren, Kugelschreiber, Eispickel, Schraubenzieher oder ähnliche Gegenstände verwendet. Um die verschiedenen Verletzungen zu unterscheiden, werden sie in Stiche, Schnitte und Hiebe unterteilt:

- Ein **Stich** wird durch ein spitz zulaufendes Instrument verursacht, das senkrecht geführt wird. Der Wundkanal ist tiefer als der Wundspalt lang ist.
- Ein **Schnitt** erfolgt durch ein schneidendes Werkzeug, das tangential zur Körperoberfläche geführt wird. Die Wunde ist länger als tief.
- Ein **Hieb** wird mit einem schweren Instrument mit Schneide verursacht. Die Wunde kann sowohl lang als auch tief sein.

Wunden durch scharfe Gewalt sind folgendermaßen charakterisiert:

- glatter, oft geradliniger Wundrand
- kein Schürf-, Vertrocknungs-, oder Quetschungssaum
- keine Gewebebrücken in der Tiefe der Wunde

Lebensbedrohliche Verletzungen durch scharfe Gewalteinwirkung sind, zumindest im deutschen Rettungswesen, eine Rarität. Zahlenmäßig viel häufiger liegen nicht bedrohliche Verletzungen vor. Dies kann eine Unfallfolge (Beispiel: Kind rennt durch geschlossene Glastür), eine Selbstbeibringung (Beispiel: Suizidversuch durch Eröffnung der Blutgefäße am Handgelenk) oder ein Gewaltverbrechen (siehe Kasuistik) sein. Definitionen und Erkennungsmerkmale erleichtern die suffiziente Zuordnung und Beschreibung der Verletzungen und sollten daher jedem in der Notfallmedizin Tätigen bekannt sein.

8.2 Formen

Stiche

Bei den meisten Stichverletzungen entstehen Wunden mit elliptischer oder mandelförmiger Form (Abb. 8.**1**). Je nachdem, wo die Stichwunde lokalisiert ist, klaffen die Wundränder unterschiedlich stark auseinander. Dies beruht auf dem Verlauf der Hautspannungslinien („Langer'sche Hautspaltlinien"). Normalerweise gibt es um die Stichwunde herum keine Schürf- oder Quetschverletzungen. Eine Ausnahme ist ein Quetschsaum, der aufgrund eines Einstiches bis zum Heft der Waffe entstehen und ein Hinweis auf ein Tötungsdelikt sein kann.

Die meisten Tatwerkzeuge sind einschneidig, woraus unterschiedliche Formen der Wundwinkel resultieren. Der zur Schneideseite weisende Wund-

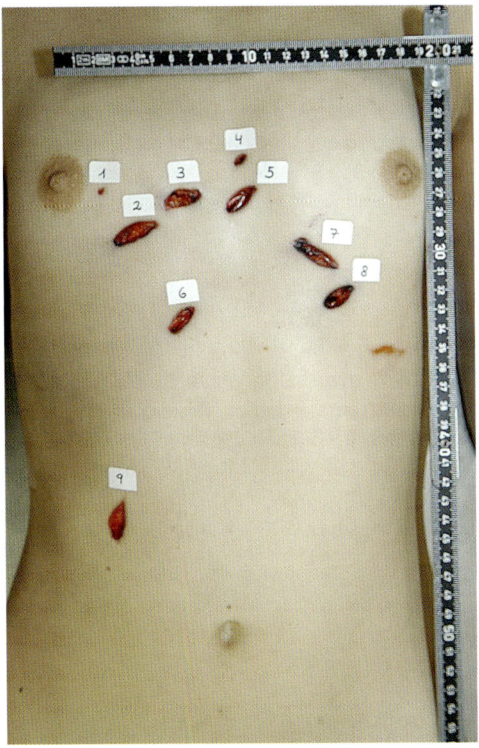

Abb. 8.**1** Tötungsdelikt durch zahlreiche Messerstiche in Brust und Bauch.

winkel ist spitz zulaufend, bei einem zweischneidigen Werkzeug findet man entsprechend 2 spitze Wundwinkel. Der Rücken des Tatwerkzeugs hinterlässt ebenfalls einen charakteristischen Wundwinkel, der abgerundet, kantig oder V-förmig sein kann. Der V-förmige Winkel ist deutlich ausgeprägt, wenn die Kanten des Tatwerkzeugrückens besonders scharf sind. Wenn die Waffe nicht ganz senkrecht herausgezogen wird, entsteht auf der Schneideseite eine ritzerartige Ausziehung des Wundwinkels. Durch axiale Drehung des Tatwerkzeugs in der Wunde bilden sich V- und L-Konfigurationen (Abb. 8.**2**). Die V-förmige Konfiguration wird auch als „Schwalbenschwanz" bezeichnet.

Es ist nur sehr eingeschränkt möglich, aus den Wundmaßen auf die Tatwaffe zu schließen. Stichwunden können größer, gleich groß oder kleiner sein als die Klinge der Tatwaffe. Der Stichkanal kann infolge der Kompression der Weichteile beim Einstich auch länger sein als die eingedrungene Klinge.

Die Hauptgefahr bei Stichwunden ist der akute Volumenmangelschock durch äußeres oder inneres Verbluten. Bei Stichen in die Brust besteht außerdem die Gefahr einer Herzbeuteltamponade oder eines Hämato- bzw. Pneumothorax. Bei Stichen in den Hals kann es durch eine Verletzung der Trachea zur Blutaspiration kommen, bei Eröffnen der Venen zu einer Luftembolie. Für die Entwicklung einer Luftembolie sind bereits 70 – 150 ml Luft ausreichend. Das Eindringen der Luft kann bei Verdacht auskultatorisch als eine Art Mühlengeräusch gehört werden. Das Opfer selber hört ein brodelndes Geräusch. Eher selten erfolgt ein Stich in den Nacken mit Verletzung des Halsmarks oder in den Schädel mit daraus resultierenden intrakraniellen Blutungen.

Schnitte

Schnittwunden reichen von oberflächlichen „Ritzern" bis hin zu tiefen Weichteilverletzungen. Auch hier klaffen die Wundränder unterschiedlich stark auseinander, je nachdem, wo die Hautspaltlinien verlaufen. Die Wundwinkel sind auf beiden Seiten spitz, zum Teil mit oberflächlichen, ritzerartigen Ausläufern.

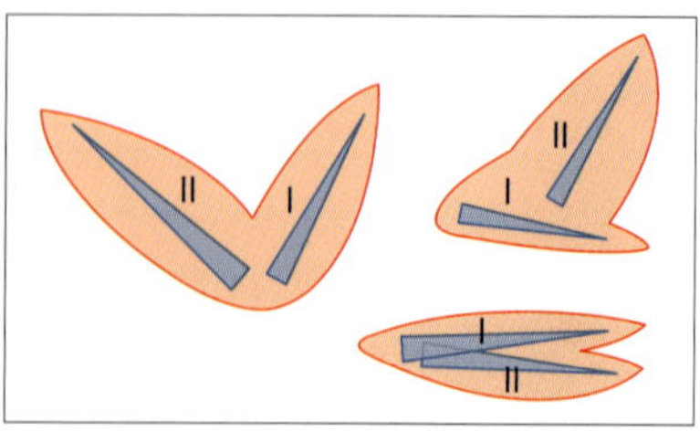

Abb. 8.**2** Durch unterschiedlich starkes Drehen des Tatwerkzeuges um seine Längsachse entstehen die V- und L-Konfiguration einer Stichwunde. I = Einstichkanal, II = Ausstichkanal.

Die Wunde ist länger als tief, an den Rändern gibt es oft keine Einblutungen, da die Wunde nach außen bluten kann. Dies erschwert eine Abgrenzung zu postmortal entstandenen Wunden. Werden während des Schnittes Hautfalten aufgeworfen und die Faltentäler nicht durchschnitten, können mehrer Schnittwunden hintereinander durch einen einzigen Schnitt entstehen.

Meist sind Schnittverletzungen nicht tödlich, da sie nur selten die größeren, tiefer liegenden Gefäße verletzen. Von Bedeutung sind sie vor allem bei Suiziden. Typische Stellen sind hierbei die Handgelenke, die Ellenbeugen und der Hals (Abb. 8.**3**).

Hiebe

Ein Hiebwerkzeug hat eine schneidende Seite und ein hohes Eigengewicht. Typische Vertreter sind Äxte, Beile oder Macheten. Wunden, die durch einen Hieb entstehen, sind meist geradlinig, die Wundränder können gequetscht oder geschürft sein, an den Knochen kommt es zu schartenartigen Verletzungen und Impressionsfrakturen, insbesondere am Schädel, gegen den die Hiebe meist geführt werden. Todesursache sind die schweren Schädel- und Hirnverletzungen.

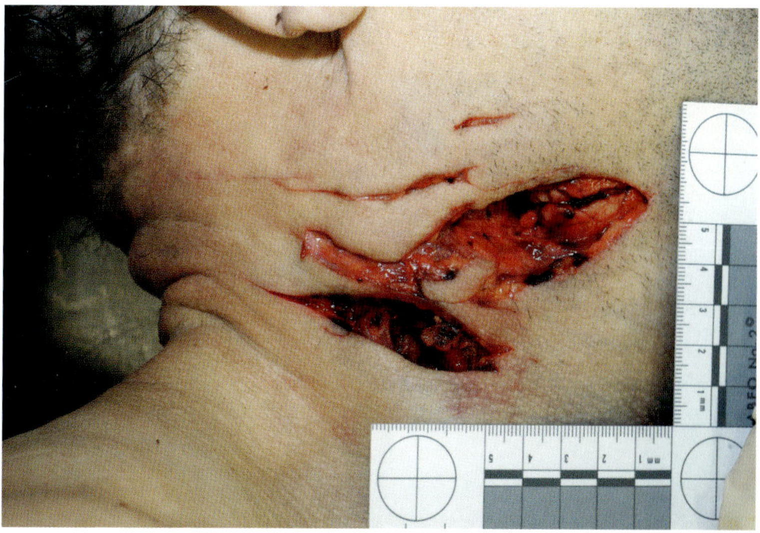

Abb. 8.**3** Suizid durch Stich- und Schnittverletzungen des Halses. Typisch sind die begleitenden, eher oberflächlichen Schnitte und die parallele Ausrichtung.

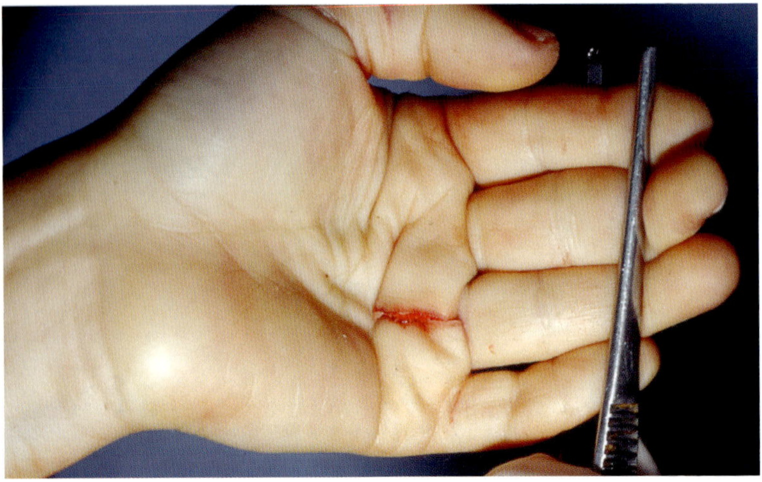

Abb. 8.**4** Aktive Abwehrverletzung: Stich in die Hohlhand.

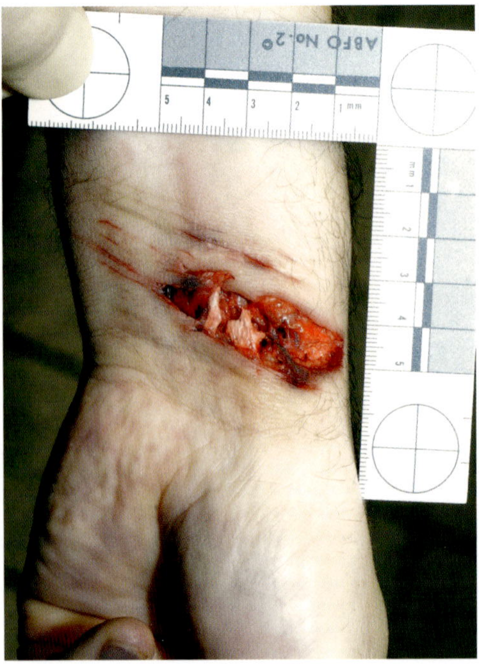

Abb. 8.**5** Versuchter Suizid durch Pulsaderschnitte. Kennzeichnend sind die oberflächlichen Probierschnitte.

Selbst- oder Fremdbeibringung?

Suizide können durch Stiche wie auch durch Schnitte erfolgen. Bei Tötungsdelikten sind häufiger Stiche festzustellen, oft aber auch kombiniert mit Schnittwunden, vor allem an den oberen Extremitäten (Abwehr- und Deckungsverletzungen) oder im Sinne von Stich-/Schnittwunden. Stich- und Schnittwunden an den Handflächen sind in aller Regel als Abwehrverletzungen (Abb. 8.**4**), entsprechende Verletzungen der Handrücken und der Streckseiten der Unterarme als Deckungsverletzungen zu deuten. Sie haben eine hohe Spezifität für eine Fremdbeibringung und belegen die Handlungsfähigkeit des Opfers.

Hinweise auf einen Suizid sind:

- Fehlen von Abwehr- und Deckungsverletzungen
- seichte, oberflächliche Probierverletzungen (Abb. 8.**5**)
- gruppierte, dicht nebeneinander gelegene Verletzungen mit paralleler Ausrichtung (Abb. 8.**6**)

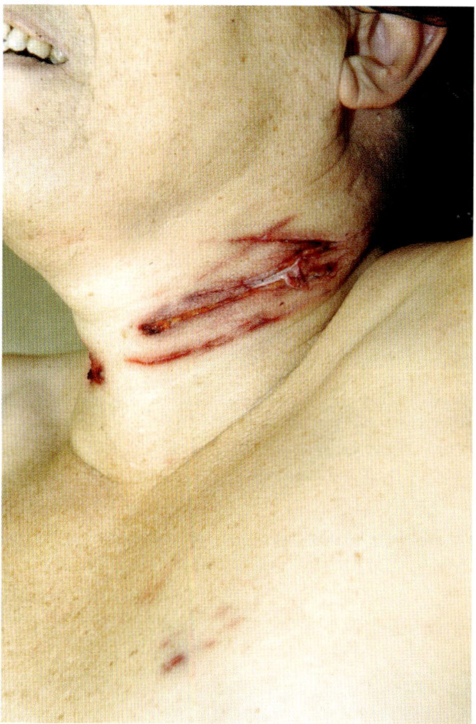

Abb. 8.**6** Schnittverletzung am Hals eines Suizidenten. Typisch sind die mehrfachen, dicht nebeneinander liegenden, parallel verlaufenden Schnitte.

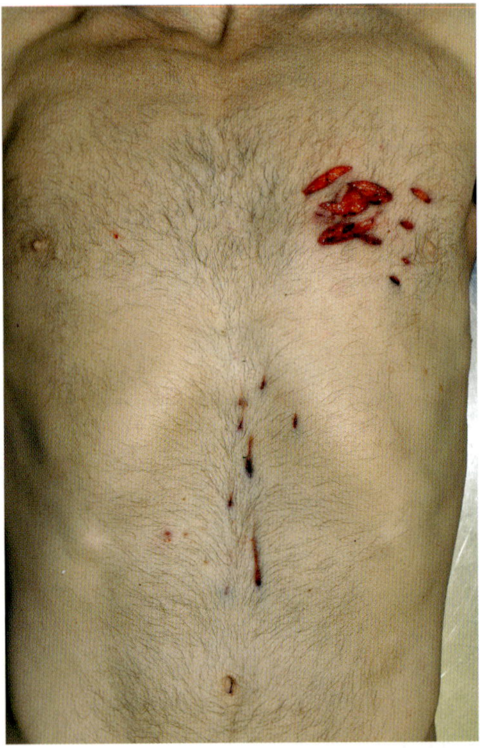

Abb. 8.**7** Suizid durch Stiche in die Herzregion. Die gruppierte Anordnung und das Vorliegen von oberflächlichen Probier- oder Zauderstichen sprechen für eine Selbstbeibringung.

- typische Lokalisationen in der Herzgegend (Abb. 8.**7**), am Hals oder den Beugeseiten der Handgelenke

Bei einem suizidalen Schnitt am Hals ist die Verlaufsform des Schnittes bei Rechtshändern typischerweise von links oben nach rechts unten. Ein Hinweis für einen Suizid ist auch ein Spiegel in der Nähe des Opfers, mit dem die Verlaufsrichtung des Schnittes kontrolliert wurde. Der typische quere Schnitt über das Handgelenk in suizidaler Absicht muss sehr tief sein, um überhaupt Arterien zu verletzen. Durchtrennte Arterien ziehen sich zurück und rollen die Ränder ein, so dass die Blutung sistiert. Es ist also ein in aller Regel untauglicher Versuch.

Hinweise auf eine Fremdeinwirkung sind:

- Abwehr- und Deckungsverletzungen
- ungeordnete Verteilung der Verletzungen, vor allem am Rücken, Schädel und an den unteren Extremitäten

9 Schussverletzungen

Kasuistik

Sie werden als RTW und NEF in eine Gartensiedlung gerufen mit dem Einsatzstichwort „Schlägerei, wahrscheinlich auch Schusswaffengebrauch, Polizei ist bereits vor Ort“. Wie immer bei solchen Einsätzen achten Sie als erstes auf Ihre eigene Sicherheit und erkundigen sich beim Eintreffen am Einsatzort zuerst bei der Polizei, ob die Einsatzstelle sicher ist. Die Polizeibeamten berichten, dass es zu Streitigkeiten zwischen den Nachbarn gekommen sei. Zwei Männer wären aufeinander losgegangen und hätten sich geprügelt. Die Ehefrau des einen habe es mit der Angst zu tun bekommen und habe mit einer Pistole versucht, die beiden dazu zu bringen sich zu trennen. Als sich die beiden Kontrahenten dennoch weiter prügelten, stieß einer von ihnen gegen die Frau, die daraufhin einen ungezielten Schuss aus der Waffe abgab. Die beiden Patienten sitzen, inzwischen durch die Polizei getrennt, vor einer Gartenlaube. Beide haben deutliche Spuren ihrer körperlichen Auseinandersetzung, sind aber insoweit klinisch stabil, dass sie sich über die Köpfe der Polizeibeamten hinweg weiter verbal attackieren können.

Als Notarzt entscheiden Sie, dass sich die RTW-Besatzung den einen Patienten ansehen soll, während Sie den anderen untersuchen. Bald stellt sich heraus, dass Ihr Patient 2 Zähne verloren hat sowie unter Umständen eine Nasenbeinfraktur, ansonsten aber nur Schürfungen erlitten hat. Der Patient der RTW-Besatzung hat eine Handgelenksprellung, Schürfungen und eine Verletzung am rechten Oberarm, die nach einem Einschuss aussieht. Sie betrachten die Wunde genauer und entdecken eine schwarze Verfärbung rund um die Wunde. Bei Ihrem Versuch, die Wundränder aneinander zu legen, fällt ein zentraler Substanzverlust auf. Die Wunde blutet nur mäßig, der Patient ist weiterhin stark erregt und wehrt sich gegen weitere Maßnahmen. Sie entscheiden sich zum Transport mit Ihrer Begleitung ins nächstgelegene Krankenhaus und bestellen für den zweiten Patienten ein weiteres Rettungsmittel.

Während der Fahrt klagt Ihr Patient plötzlich über zunehmende Atemnot und Schmerzen in der rechten Thoraxhälfte. Sie auskultieren und stellen ein aufgehobenes Atemgeräusch rechts fest. Bei der vollständigen Entkleidung des Oberkörpers entdecken Sie unterhalb der rechten Achsel einen weiteren Einschuss in den Thorax und vermuten einen Spannungspneumothorax aufgrund der Schussverletzung. Nachdem Sie den Patienten in der Zielklinik übergeben haben, stellen Sie sich allerdings die Frage, wo der zweite Schuss herkam, obwohl die Polizeibeamten von nur einer Schussabgabe berichtet hatten.

[Die Lösung dieser Frage finden Sie auf Seite 95.]

9.1 Einleitung

Um die verschiedenen Verletzungsbilder der unterschiedlichen Waffenarten zu verstehen, sollte man sich mit deren wichtigsten technischen Besonderheiten vertraut machen.

Waffenarten

Bei den tragbaren Schusswaffen unterscheidet man **Handfeuerwaffen** von **Faustfeuerwaffen**. Handfeuerwaffen sind langläufige Waffen, die mit beiden Händen gehalten werden müssen, während Faustfeuerwaffen kurzläufig sind und mit einer Hand betätigt werden können. Handfeuerwaffen sind Gewehre, entweder zum jagdlichen Gebrauch, zum Beispiel die Büchse oder die Flinte, oder aus dem militärischen/polizeilichen Umfeld, wie etwa das Sturmgewehr, aber auch Vorderschaftrepetierflinten („Pumpguns“). Zu den Faustfeuerwaffen zählen der Revolver und die Pistole. Der Hauptunterschied zwischen beiden besteht darin, dass die Hülse der Patrone bei der Pistole nach Schussabgabe ausgeworfen wird, während sie beim Revolver in der Trommel verbleibt.

Patronen

Die Patronen der Faustfeuerwaffen und die der Büchsen bestehen aus einem Geschoss (dem Projektil) und der Hülse, die das Projektil umschließt. Der Hülsenboden hat bei Waffen, die die Hülse nach Schussabgabe auswerfen, eine Rille, die das Auswerfen ermöglicht. Die Hülsen eines Revolvers haben einen überstehenden Hülsenboden.

Im Inneren der Patrone liegen der Zündsatz, der Treibsatz und der Geschosskopf. Der Zündsatz befindet sich am Boden der Patrone und setzt sich zusammen aus dem Schlagbolzen und dem Zündelement, das aus schlagempfindlichem Sprengstoff besteht. Die beim Auslösen entstehende Hitze und Flamme zünden den Treibsatz. Dieser bestand früher aus Schwarzpulver, was aber aufgrund der starken Rauchentwicklung (und dem dadurch eingeschränkten Erkennen des Ziels) nicht mehr verwendet wird. Heute enthalten die Treibsätze Nitrozellulose, zum Teil in Nitroglyzerin gelöst. Während der Treibsatz abbrennt, entstehen Gase, die einen hohen Druck aufbauen, der dann den Geschosskopf beschleunigt. Dessen Geschwindigkeit unmittelbar nach Verlassen des Laufes (sog. Mündungsgeschwindigkeit) liegt bei Faustfeuerwaffen etwa zwischen 300 und 400 m/s, bei Jagdwaffen sogar bei 700–1000 m/s.

Für Flinten werden meist Schrotpatronen verwendet. Hier ersetzten viele Schrotkörner aus Hartblei (200–500 Stück) den Geschosskopf. Es gibt auch Schrotmunition mit sehr kleinen („Vogeldunst") und sehr großen Körnern („Rehposten").

Vorgänge bei Abgabe eines Schusses

Nachdem der Schlagbolzen in der Patrone den Zündsatz entzündet hat, entsteht durch Verbrennung des Pulvers ein hoher Druck, der das Geschoss aus der Waffe beschleunigt. Noch bevor das Projektil den Lauf der Waffe verlässt, tritt eine Schmauchwolke aus. Der **Schmauch** besteht aus Verbrennungsrückständen des Pulvers, hauptsächlich unverbranntem Kohlenstoff in ultravisibler Partikelgröße. Außerdem treten auch immer größere unverbrannte oder teilabgebrannte Pulverteilchen aus dem Lauf aus.

Um die Entfernung zwischen Schütze und Opfer anhand der Einschusswunde abschätzen zu können, muss man wissen, dass der Schmauch rasch abgebremst wird und nur bei geringer Entfernung zwischen Waffe und Einschuss Ablagerungen verursacht. Die größeren Pulverteilchen hingegen werden weiter beschleunigt und sind auch bei größerer Entfernung noch als Einsprengungen in der Wunde zu erkennen. Bei welchen Entfernungen diese Phänomene auftreten, ist von der Waffenart sowie der Patrone abhängig. Die Entfernung, aus der auf das Opfer geschossen wurde, lässt sich daher ohne genaue Untersuchung der Tatwaffe nur grob abschätzen. Außerdem verfälschen Aufsätze, wie etwa ein Schalldämpfer, das Bild.

Neben dem Schmauch und den Pulverteilchen treten an der Laufmündung auch 2 Feuererscheinungen auf: Zum einen kommt – ausgelöst durch unvollständig verbrannte Treibsatzpartikel – ein kurzer Feuerstrahl aus der Mündung, zum anderen bildet sich in einiger Entfernung vom Laufende durch die Reaktion unvollständig oxidierter Pulverteilchen mit dem Sauerstoff in der Luft ein Feuerball, das sogenannte **Mündungsfeuer**. Bei modernen, nitrozellulosehaltigen Patronen hält das Mündungsfeuer nur über sehr kurze Zeit an, so dass es keine Verbrennungen verursacht, es sei denn, die Flamme trifft in wenigen Zentimetern Entfernung auf thermolabile Kleidung. Ganz anders sieht dies aus, wenn Schwarzpulvermunition benutzt wird. Hier reicht die Mündungsflamme aus, um deutliche flächenhafte Verbrennungen – den sogenannten Brandhof – zu verursachen.

9.2 Wundballistik

Die Wundballistik beschäftigt sich mit den Wechselwirkungen zwischen Geschoss und menschlichem Körper. Zum einen wirkt das Geschoss direkt, indem es alle Strukturen in seinem Schusskanal zerstört. Zum anderen entstehen aber auch Schäden durch die Druckschwankungen um den Schusskanal herum. Wenn das Geschoss in den Körper eindringt, verdrängt und beschleunigt es kurzfristig das Gewebe im rechten Winkel zum Schusskanal. Dabei entsteht eine temporäre Wundhöhle, die bedeutend größer ist als der eigentliche Schusskanal. Beim Kollabieren dieser Wundhöhle kommt es zu erneuten Scherbewegungen und damit zu weiteren möglichen Verletzungen. Bei flüssigkeitsgefüllten Hohlräumen, wie etwa dem Herzen, kann die Druckerhöhung zum Bersten des Organs führen. Tritt sie im Bereich des Schädels auf, kann das Hirn dadurch komplett herausgeschleudert werden (sog. „Krönlein-Schuss“). Wie stark sich die temporäre Wundhöhle ausbildet, hängt von der abgegebenen kinetischen Energie des Geschosses ab. Diese ist bei Geschossen mit hoher Geschwindigkeit, wie etwa bei Jagdwaffen mit bis zu 1000 m/s besonders hoch und der dadurch entstehende Schaden ist entsprechend größer.

Wenn das Geschoss nicht primär den Körper des Opfers trifft, sondern erst ein anderes Ziel, kommt es zu atypischen Einschüssen. Es kann zum Beispiel der typische grauschwarze Abstreifring um die Wunde fehlen, da sich dieser bereits am ersten Ziel abgetragen hat.

Ein- und Ausschusswunde

Um die Schussrichtung richtig zu bestimmen muss klar sein, welche Wunde dem Einschuss und welche dem Ausschuss entspricht.

Einschusswunde

Die Einschusswunde lässt sich anhand typischer Merkmale erkennen:

Einschussdefekt. Das Projektil reißt Gewebeteile mit in die Tiefe des Wundkanals. Dadurch entsteht am Einschuss ein nicht adaptierbarer Defekt, der entweder rund ist, bei geradem Auftreffen des Geschosses, oder oval bei schrägem Auftreffen (Abb. 9.**1**). Der Durchmesser der Eintrittswunde ist meist kleiner als das Kaliber des Projektils. Denn die Defektränder weichen aufgrund der Elastizität der Haut bei Eintritt des Geschosses kurzfristig auseinander und die Haut nimmt nach Abklingen der Verformungskräfte wieder ihre ursprüngliche Form an. Dadurch verkleinert sich die Einschusswunde, auch wenn ein zentraler Defekt bleibt.

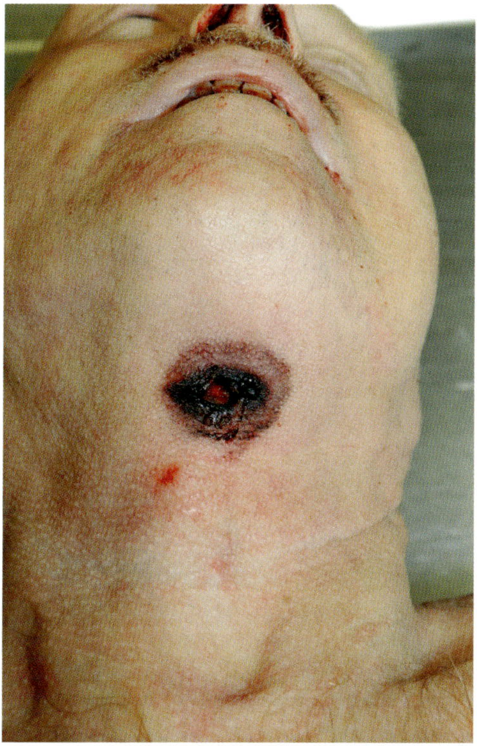

Abb. 9.**1** Suizid durch Schuss in die Mundbodenregion. Typisch für die Einschusswunde sind der zentrale, runde Defekt, die epidermisfreie Randzone (Kontusionssaum) und der dunkel gefärbte Abstreifring bzw. Schmauchhof. Da die Waffe bei Schussabgabe direkt auf die Haut aufgesetzt wurde, hat sich eine Stanzmarke gebildet.

Kontusionssaum. Im Moment des Einschlags des Geschosses kommt es durch den hohen Druck zu einem Einreißen der Epidermis und zum retrograden Wegschleudern von Epidermisteilchen rund um den Einschuss. Daher ist die Einschusswunde durch einen epidermisfreien Randbereich gekennzeichnet. Dieser ist im frischen Zustand rötlich und feucht, postmortal bräunlich vertrocknet.

Abstreifring. Dieses Zeichen ist das sicherste Einschusszeichen, es tritt aber nur auf, wenn die Einschusswunde auch das Primärziel des Geschosses ist (also vorher keine anderen Gegenstände getroffen wurden). Beim Eintritt in den Körper werden vom Projektil Schmauchreste, Waffenöl und Metallspuren abgestreift. Entsprechend seiner Bestandteile ist der Abstreifring schwarz. War die getroffene Hautpartie bekleidet, findet sich der Abstreifring auf der obersten Textillage. Der Abstreifring kommt bei jeder Entfernung zwischen Schütze und Opfer zustande (Abb. 9.**1**).

Ausschusswunde

Die Ausschusswunde ist häufig größer als die Eintrittswunde. Dies ist aber kein sicheres Ausschusszeichen, da zum Beispiel bei Explosionen durch Splitter im-

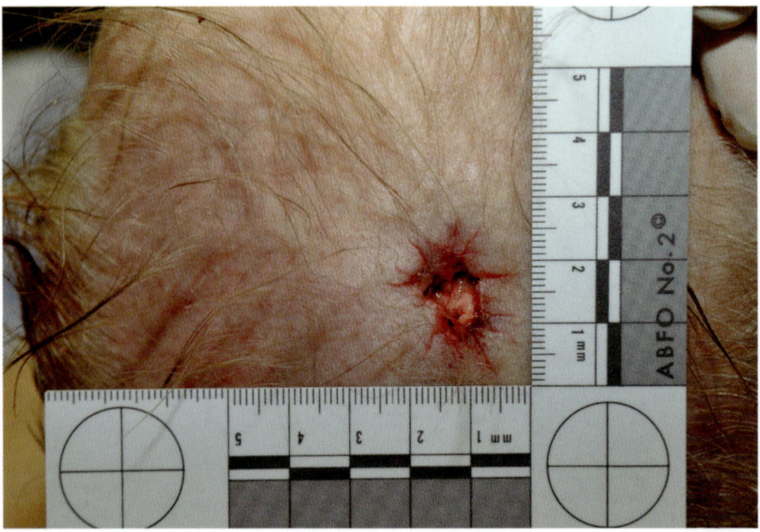

Abb. 9.**2** Mehrstrahlig aufgerissene Ausschusswunde in der Scheitelregion (Z. n. Reinigung).

mer größere Eintritts- als Austrittswunden verursacht werden. Die Austrittswunde zeigt meist keinen Substanzdefekt, das heißt, die Wundränder lassen sich komplett adaptieren. Durch den Austritt des Geschosses, oft quergestellt und mit deutlich weniger kinetischer Energie, reißt die Haut sternförmig rund um den Ausschuss ein (Abb. 9.**2**). Normalerweise findet man keinen Kontusionssaum. Allerdings kann sich ein Schürfsaum bilden, der kaum von einem Kontusionssaum zu unterscheiden ist. Diese Schürfung entsteht, wenn an der Austrittsstelle etwas eng anliegt, beispielsweise ein BH-Träger oder ein enges Hemd. An diesen Gegenständen wird die Haut beim Austritt des Geschosses geschürft.

Wunden bei Nah- und Fernschüssen

Ja nach Entfernung des Schützen von seinem Opfer unterscheidet man den absoluten Nahschuss, den relativen Nahschuss und den Fernschuss.

Absoluter Nahschuss (Kontaktschuss)

Die Mündung der Waffe ist bei der Schussabgabe aufgesetzt, was zu charakteristischen Befunden führt. Durch den Kontakt mit dem Körper werden die Schmauchgase in die Wundhöhle hineingetrieben. Der hohe Druck treibt das Gewebe ballonartig auf und presst es gegen die Laufmündung. Hierdurch entsteht die typische **Stanzmarke,** die das Waffengesicht auf der Haut hinterlässt (Abb. 9.**1**). Der erhöhte Gewebedruck kann auch zu einem sternförmigen Aufreißen der Haut rund um die Einschusswunde führen (Abb. 9.**3**). Der Schmauch lagert sich im Anfangsbereich des Schusskanals ab (Schmauchhöhle). Durch den hohen Kohlenmonoxidgehalt der Gase ist das um den Schusskanal liegende Gewebe häufig hellrot verfärbt, wie man es auch bei einer Kohlenmonoxidvergiftung beobachten kann.

Bei Schrotmunition ändert sich das Bild mit zunehmender Entfernung des Schützen von einem zentralen Defekt zu immer weiter ausgezogenen siebartigen Einschüssen rund um die Haupteinschusswunde.

Relativer Nahschuss

Die Waffe ist in diesem Fall nicht aufgesetzt, aber die Schussabgabe erfolgt so nah am Opfer, dass Schmauchbestandteile in der Umgebung des Einschusses in und auf der Haut gefunden werden können. Je weiter der Schütze entfernt ist, desto geringer wird die Intensität des Schmauchhofes. Ist er nicht mehr

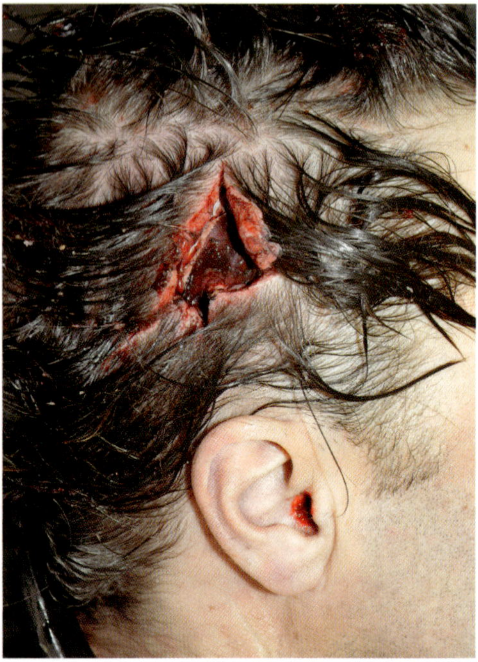

Abb. 9.**3** Einschusswunde bei Nahschuss. Die Haut ist aufgrund des hohen Gewebedruckes sternförmig aufgerissen, der Schmauch hat sich im Anfangsbereich des Schusskanals abgelagert.

vorhanden oder findet man nur noch Pulverauflagerungen bzw. -einsprengungen, so handelt es sich um einen ferneren relativen Nahschuss. Wichtig ist, die Kleidung oder andere Gegenstände zwischen Tatwaffe und Einschuss zu begutachten, da sich hier der Schmauch bereits abgelagert haben kann.

Fernschuss

Von einem Fernschuss spricht man, wenn es keine Nahschusszeichen gibt, also kein Schmauchhof und keine Pulvereinsprengungen bzw. -auflagerungen nachzuweisen sind.

Ausdehnung des Schusskanals

Je nachdem, wie das Projektil den Körper trifft und durchdringt, unterscheidet man Steckschuss, Durchschuss, Streifschuss und Prellschuss.

Steckschuss

Bei einem Steckschuss dringt das Geschoss zwar in den Körper ein, seine Energie reicht aber nicht mehr aus, um den Körper wieder zu verlassen. Das Projektil verbleibt im Körper. Häufig bleibt es an der gegenüberliegenden Körperseite unter der Haut stecken.

Durchschuss

Ein Durchschuss liegt vor, wenn das Geschoss den Körper wieder verlässt und sich eine Ausschusswunde bildet. Der Schusskanal ist meist geradlinig. Das Projektil kann aber auch durch Knochen abgelenkt werden. Besonders häufig ist dies im Bereich des Schädels der Fall. Hier kommt es in 10–25 % der Fälle zu sogenannten **Winkel- und Ringelschüssen**. Bei einem Winkelschuss trifft das Projektil schräg auf eine Knochenfläche und wird winkelig zurückschlagen. Zu einem Ringelschuss kommt es beim Aufprall auf konkave Knochenflächen, wie etwa im Hirnschädel oder an der Innenseite der Rippen, wodurch das Projektil eine kontinuierliche Richtungsänderung erfährt und eine bogenförmige Bahn beschreibt.

Ein Sonderfall ist der **Zwei-Segment-Schuss.** Hierbei durchquert das Projektil einen Körperteil und dringt dann wieder in den Körper ein. Typisches Beispiel: Durchschuss durch den Oberarm und Eindringen des Geschosses in den Thorax (vgl. Kasuistik, S. 87).

Streifschuss

Ein Streifschuss verursacht typischerweise rinnenförmige Verletzungen. Der „Schusskanal“ liegt vollständig offen.

Prellschuss

Zu einem Prellschuss kommt es bei matten Geschossen (zum Beispiel Gummigeschossen), die den Körper zwar treffen, aber keine Wunde erzeugen. Dennoch können daraus erhebliche innere Verletzungen resultieren.

9.3 Folgen von Schussverletzungen

Tod

Statistisch verlaufen Schussverletzungen in 20% primär tödlich, das heißt, das Opfer verstirbt noch vor der ärztlichen Behandlung. Dies geschieht zum Beispiel bei einem Krönlein-Schuss und bei einer Zerstörung der lebenswichtigen Hirnstammzentren, wie etwa bei einem Genickschuss. Bei Kopfschüssen ist meist die intrakranielle Drucksteigerung durch eine Blutung oder ein begleitendes Hirnödem tödlich. Eine Schussfraktur der Schädelbasis führt oft zu Blutungen in den Nasen-Rachen-Raum, die bei Bewusstlosigkeit des Opfers zu einer tödlichen Blutaspiration führen können. Schüsse in große Gefäße, das Herz oder große Organe können über einen Volumenmangelschock zum Tod führen. Weitere Todesursachen sind eine Luftembolie und ein Pneumothorax.

Handlungsunfähigkeit

In vielen Kriminalfilmen sieht man, dass angeschossene Personen sofort handlungsunfähig werden, besonders bei Schüssen in den Kopf. Dies entspricht aber nicht der Wirklichkeit. Wenn nicht bestimmte Hirnregionen, wie der Hirnstamm, das obere Halsmark, das Kleinhirn und weitere Hirnanteile, die für die Bewegung zuständig sind, primär zerstört werden, kann sich das Opfer durchaus noch bewegen und ist zu kurzen Handlungen fähig. Dies trifft auch für Schüsse zu, die zum Beispiel die Aorta oder das Herz treffen. Zwar tritt hier der Tod durch Verbluten rasch ein, aber eine kurze Handlung kann noch möglich sein. So erklärt sich, warum es manchen Opfern noch gelingt, den Namen des Täters aufzuschreiben, oder warum Suizidenten sich teilweise mehrfach erschießen, obwohl der erste Treffer bereits tödlich ist.

Geschossembolie

Eine Embolie ist eine sehr seltene Folge einer Schussverletzung. Gelangen Projektile bzw. Projektilteile oder Schrotkörner in das Blutgefäßsystem, können sie an Engstellen eine Embolie auslösen. Das Geschoss muss hierfür klein genug sein und darf nur noch eine geringe Restenergie haben, die zwar ausreicht, um in die Arterie oder Vene einzudringen, aber nicht mehr, um die Gefäße zu verlassen.

9.4 Kriminalistische Aspekte

Ob eine Schussverletzung selber zugefügt wurde (suizidal), versehentlich (akzidentell) oder mit Absicht (homizidal), lässt sich oft auch abschließend nicht sicher klären, aber es gibt Hinweise, die zur Beantwortung dieser Frage herangezogen werden können.

Für einen Suizid sprechen typische Einschussstellen. Hierzu zählen die Herzgegend sowie am Kopf die Schläfe, die Stirn, der Mund und die Submentalgegend (unterhalb des Kinns, vgl. Abb. 9.**1**). Fast immer wird der Lauf der Waffe bei einem Suizid aufgesetzt. Auch die Untersuchung der Schusshand kann Hinweise auf eine Selbstbeibringung geben, wenn zum Beispiel Blut und Gewebeteilchen an der Hand haften (sogenannte „backspatter" aus der Einschusswunde). Auch Schmauchspuren oder Verletzungen durch den Schlitten der Pistole weisen auf eine Selbstbeibringung hin, sind aber keineswegs beweisend.

9.5 Sonderformen von Schussverletzungen

9

Bolzenschussgerät

Der Bolzenschussapparat dient der Betäubung von Schlachttieren. Das Gerät ist zum Mehrfachgebrauch konzipiert und treibt mit großer Kraft einen Bolzen in den Schädel und zieht diesen dann wieder zurück. Dadurch verbleibt kein Geschoss im Körper. Die Eintrittswunde ist typischerweise ausgestanzt mit zwei angrenzenden Schmauchhöfen und in der Tiefe der Wunde kann man den ausgestanzten Geweberest finden. Bolzenschussverletzungen werden meist bei Suizidenten gefunden, Unfälle sind sehr selten. Bei den Überlebenden ist mit schweren Infektionen zu rechnen, da der Bolzen durch den Mehrfachgebrauch keineswegs hygienisch sauber ist.

Explosion

Verletzungen durch eine Explosion werden nach ihrer Entstehung in 4 Formen unterteilt:

- **Primäre Explosionsverletzungen** werden durch die starke Überdruckwelle und den Luftstoß verursacht und wirken sich im Sinne eines Barotraumas aus. Es kann zu Trommelfellrupturen, Lungeneinrissen mit (Spannungs-) Pneumothorax, Leber- und Milzrupturen, Einrissen in das Mesenterium oder den Darm und zu traumatischen Amputationen von Extremitäten kommen.

- **Sekundäre Explosionsverletzungen** entstehen durch umherfliegende Splitter, die sich wie Geschossprojektile auswirken. Die Folge sind schussähnliche Verletzungen.
- Durch die Überdruckwelle können Personen auch zu Fall kommen und sich dabei verletzen oder von umherfliegenden Trümmerteilen getroffen werden. Die hierbei entstehenden Verletzungen werden als **tertiäre Explosionsverletzungen** bezeichnet.
- **Quartäre Explosionsverletzungen** sind Verletzungen, die durch die Folgen der Explosion entstehen (zum Beispiel durch Feuer, austretende Gase oder bei Verschüttung).

Schreckschusswaffen

Diese Waffen funktionieren mit einem Gasstrahl, der durch die Zündung von Knall- oder Reizstoffkartuschen verfeuert wird. Seit dem 1. April 2003 muss jeder, der eine Schreckschusswaffe führen will, einen kleinen Waffenschein vorweisen. Allerdings ist der reine Besitz oder der Kauf einer solchen Waffe ab dem vollendeten 18. Lebensjahr zulässig. Der Gasstrahl kann bei einem absoluten oder einem relativen Nahschuss von wenigen Zentimetern Entfernung die Haut durchdringen und darunter liegende Organe perforieren. Besonders bei Aufsetzen der Waffe auf den Schädel kommt es zu schweren Verletzungen, da der Gasstrahl die dünne Schläfenplatte durchdringen kann.

10 Thermische Einwirkungen

Unter dem Schlagwort „thermische Einwirkungen“ werden in diesem Kapitel zum einen Schäden durch Hitze wie Verbrennungen, Verbrühungen, Rauchgasinhalationen und Hitzschlag behandelt. Zum anderen geht es um Schäden durch Kälte wie Erfrierungen und Unterkühlung. Das statistische Bundesamt hat für das Jahr 2006 insgesamt 406 Sterbefälle durch eine Exposition gegenüber Rauch, Feuer und Flammen registriert. Bei genauerer Aufschlüsselung nach dem Alter der Verstorbenen zeigt sich, dass die meisten Patienten zwischen 45 und 65 Jahren alt waren – erklärbar ist diese Verteilung unter anderem mit der relativ hohen Anzahl von Verbrennungsunfällen im gewerblichen Bereich.

10.1 Schäden durch Hitzeeinwirkung

Kasuistik

Es ist mitten in der Nacht und Sie stehen mit einem RTW bereits seit Stunden als Brandwache vor einem brennenden Fabrikgebäude, da die Feuerwehr noch mit Atemschutz im Gebäude ist. Auf einmal und ohne Vorwarnung kommt ein Atemschutztrupp aus dem Gebäude und legt Ihnen einen menschlichen Körper in verkrümmter Haltung vor das Fahrzeug. Sie können auch ohne Notarzt rasch aufgrund der großflächigen Ausdehnung und hoher Verbrennungsschwere inklusive Verkohlung den Tod feststellen. Noch während Sie sich um die Verständigung eines Arztes zur offiziellen Todesfeststellung und der Polizei zur Einleitung der Ermittlungen bei unnatürlicher Todesart kümmern, kommen bereits erste Gerüchte an der Einsatzstelle auf, es müsse sich eine gewaltsame Auseinandersetzung vor Todeseintritt zugetragen haben, da der Leichnam große Verletzungen am Bauch und die bereits genannte „Abwehrhaltung“ zeigt.

Ohne sich an den entstandenen Gerüchten zu beteiligen, machen auch Sie sich Gedanken, ob es Hinweise auf ein Verbrechen gibt oder ob sich auch eine andere Erklärung für die entstellenden Befunde finden lässt.

Bei durch Hitze entstandenen Verletzungen muss man grundsätzlich unterscheiden, ob es sich um Schäden durch direkte Hitzeeinwirkung, wie zum Beispiel Verbrennungen, oder um systemische Schäden, wie zum Beispiel einen Hitzschlag, handelt.

Verbrennungen und Verbrühungen

Hierbei handelt es sich um Schäden durch lokale Einwirkung von Hitze. Bei Verbrennungen wirken hohe Temperaturen, beispielsweise durch Flammen oder heiße Gegenstände, auf den Körper ein. Verbrühungen entstehen dagegen durch Kontakt mit heißen Flüssigkeiten oder heißem Dampf. Feuchte Hitze leitet wesentlich besser, so dass bereits bei niedrigeren Temperaturen Schäden entstehen. Dies lässt sich leicht nachvollziehen, wenn man bedenkt, dass in einer finnischen Sauna bei sehr niedriger Luftfeuchtigkeit Temperaturen von 110 °C toleriert werden können, in einem Dampfbad aber nie mehr als 45–50 °C herrschen. Besonders wichtig ist diese Tatsache, wenn es sich um eingeatmete Luft bzw. Dampf handelt. Bei Einatmung von 350 °C heißer trockener Luft ist diese im Tierexperiment auf Larynxebene noch zwischen 160 °C und 180 °C heiß, an der Bifurkation der Trachea hat die Luft nur noch Körpertemperatur und richtet keine weiteren Schäden an. Wird hingegen heißer Dampf mit über 100 °C eingeatmet, hat dieser auf Larynxebene immer noch 94–106 °C und an der Bifurkation noch zwischen 53–94 °C.

Verbrennungsgrade

Je nach der Tiefe der betroffenen Hautschichten werden Verbrennungen in 4 Grade eingeteilt.

- **Grad 1:** Nur die Oberhaut ist betroffen. Es tritt eine Rötung auf, die Wunde heilt ohne Schäden ab.
- **Grad 2a:** Hier ist ebenfalls nur die Oberhaut betroffen. Es kommt zu einer Rötung und Blasenbildung, die Wunde heilt ohne Schäden ab.
- **Grad 2b:** Auch die Lederhaut ist betroffen. Je nach Schädigungstiefe kommt es ebenfalls zu einer Rötung oder bereits zur Blässe der Haut sowie zur Blasenbildung. Nach der Wundheilung bleiben Narben zurück. Bis zu diesem Grad sind die Wunden sehr schmerzhaft.
- **Grad 3:** Die gesamte Haut ist betroffen, die Wunde sieht weiß, lederartig aus, Hautanhangsgebilde, wie Haare und Schweißdrüsen, sind ebenfalls betroffen, durch eine Zerstörung der Nervenendigungen empfinden die Patienten keine Schmerzen mehr, die Haut kann spontan nicht mehr heilen.

- **Grad 4:** Verkohlung; die Strukturen unterhalb der Haut, wie Muskeln und Knochen sind mit betroffen, ebenfalls keine spontane Ausheilung möglich.

Ausdehnung und Prognose

Zur Abschätzung der Ausdehnung einer Verbrennung hat sich seit vielen Jahren die **Neuner-Regel** bewährt (Abb. 10.**1**), bei der die 2.- und 3.-gradigen Verbrennungen addiert werden. So lässt sich abwägen, ob der Patient in einem normalen Krankenhaus behandelt werden kann, oder ob die spezielle Behandlung in einem Verbrennungszentrum erforderlich ist. Ab 20% Verbrennungsfläche spricht man von einer schweren Verbrennung.

Um die Prognose des Patienten abzuschätzen, wird der **Verbrennungsindex** berechnet. Hierzu werden das Lebensalter und die Ausdehnung der 2.- und 3.-gradigen Verbrennungen addiert. Ergibt sich ein Wert <80, besteht nur eine geringe Lebensgefahr, bei Werten zwischen 80 und 120 eine akute Lebensgefahr. Werte >120 werden nur selten überlebt. Als Anhaltspunkt gilt, dass ein Wert von 100 von 50% der Patienten bei optimaler Therapie überlebt wird.

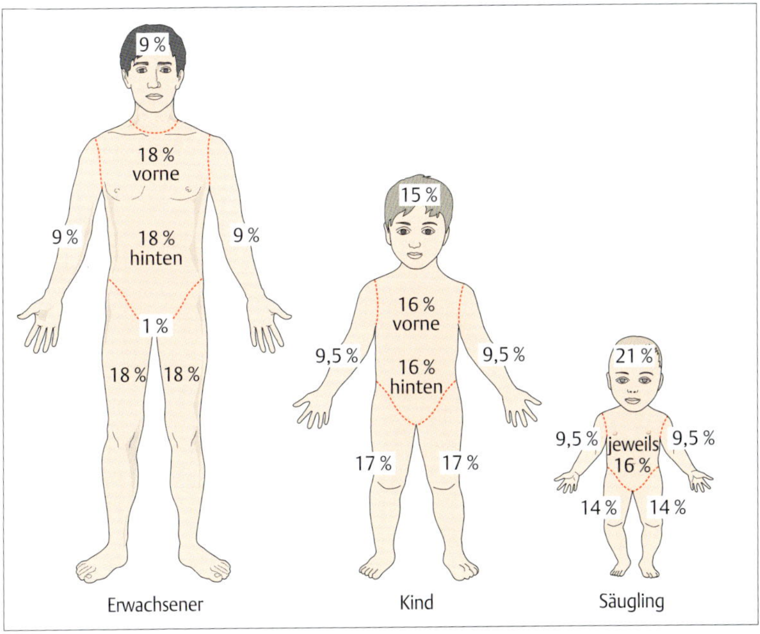

Abb. 10.**1** Neuner-Regel zur Abschätzung der Ausdehnung einer Verbrennung.

Postmortale Veränderungen

Bei Brandleichen kommt es zu einigen postmortalen Veränderungen, die man bei Unkenntnis leicht für prämortale Straftaten an der Person halten kann. Zu diesen Veränderungen zählen:

Hitzerisse der Haut. Diese Risse sind meist glattrandig und lassen sich leicht mit Schnittverletzungen verwechseln. Sie entstehen jedoch postmortal durch eine hitzebedingte Schrumpfung der Haut. Im Bereich des Bauches können diese Risse zum Aufplatzen der Bauchhöhle führen.

Fechterstellung. Postmortal kommt es durch die Hitze zu Versteifungen der Muskeln, vor allem an den Extremitäten. Dadurch entsteht die charakteristische Haltung der Leichen, die an eine prämortale Abwehrhaltung erinnert (Abb. 10.**2**).

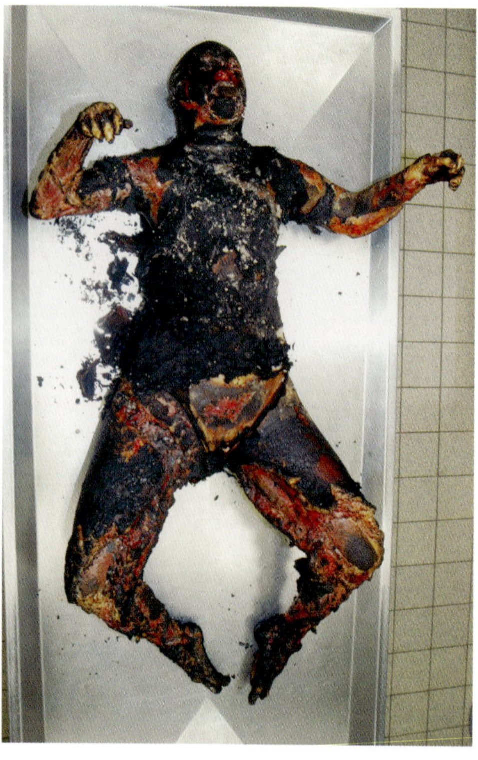

Abb. 10.**2** Die sogenannte Fechterstellung bei Brandleichen ist Folge der postmortalen, hitzebedingten Schrumpfung der Sehnen und der Muskulatur.

Typisch sind insbesondere das Anheben der Schultern sowie die Beugung in den Ellbogen und Handgelenken, an den Beinen kommt es häufig zu Streckungen.

Brandhämatom. Durch einen direkten Kontakt des Kopfes mit den Flammen kommt es zu einer epiduralen Blutansammlung, die aber erst nach dem Tod entstanden ist und nicht etwa todesursächlich war.

Verbrühungen

Wirkt feuchte Hitze in Form von heißen Flüssigkeiten oder heißem Dampf auf die Haut ein, entstehen Verbrühungen. Sie unterscheiden sich von Verbrennungen durch folgende Punkte:

- Die Haare bleiben erhalten. Sie verbrennen erst bei Temperaturen > 150 °C.
- Es gibt keinen Grad 4 (Verkohlung).
- Die Grenzen zu nicht betroffenen Hautarealen sind scharf markiert, man kann nicht selten den Verlauf der Flüssigkeit erkennen (u. U. Abrinnspuren).
- Die Bekleidung kann zunächst die Haut schützen, später verlängert sie aber die Expositionsdauer mit der heißen Flüssigkeit.

Bei Verbrühungen von Kindern sollte immer eine mögliche unterlassene Aufsichtspflicht oder gar eine Misshandlung im Hinterkopf behalten werden. Folgende Beobachtungen können Anlass sein, Verdacht zu schöpfen:

- Das Verletzungsmuster passt nicht zu den Angaben über den Unfallhergang.
- Als Ursache werden andere Gründe als Hitze angegeben.
- Die Schuld wird dem verletzten Kind oder einem Geschwisterkind zugeschoben.
- Die Verletzung und die Schmerzen werden heruntergespielt.

> **Aber Achtung**
> Keine voreiligen Verurteilungen treffen, sondern mögliche Verdachtsmomente sorgfältig dokumentieren und der Polizei die Ermittlungen überlassen.

Todesursachen

Prinzipiell muss unterschieden werden, ob der Patient am Unfallort verstirbt oder in zeitlichem Abstand im Krankenhaus. Primäre Todesursachen sind:

- Rauchgasintoxikation (CO, HCN, CO_2)
- Verbrennung/Verbrühung der Haut
- Ersticken

Sekundäre Ursachen sind:
- Verbrennungskrankheit
- Inhalationstrauma mit infektiösen Komplikationen

Kriminalistische Aspekte

Für den Rechtsmediziner stellt sich bei einer Brandleiche die Frage, ob der Tote bei Brandausbruch gelebt hat und durch das Feuer zu Tode kam oder ob die Person bereits vorher tot war. Diese Frage ist aus kriminalistischer und versicherungstechnischer Sicht sehr wichtig. Um sie zu klären, sollte auf die sogenannten **Vitalitätszeichen** geachtet werden. Hierzu zählen echte Brandblasen, das Verschlucken und Einatmen von Ruß, ein erhöhter CO-Hb-Gehalt im Blut, eine Rötung oder ein Ödem der Schleimhaut von Larynx, Epiglottis, Trachea und Ösophagus.

Unabhängig vom Zustand der Leiche muss außerdem die **Identität** geklärt werden. Hauptsächlich hilft hierbei der Zahnstatus weiter. Wenn vorhanden, können auch Narben von Operationen und Unfällen, krankhafte Organbefunde, oder die Form der Stirnbeinhöhle weiterhelfen. Ein sehr aufwendiges und kostspieliges Verfahren stellt der DNA-Abgleich mit leiblichen Verwandten dar.

Systemische Hitzeschäden

Der menschliche Organismus ist auf eine gleich bleibende Körperkerntemperatur von 37 °C angewiesen. Bereits Unterschiede um wenige Grade können sich tödlich auswirken. Wie empfindlich wir auf kleine Temperaturerhöhungen reagieren, hat jeder schon einmal erlebt, der mit Fieber im Bett lag und womöglich auch schon Fieberträume hatte. In diesem Abschnitt geht es um die Auswirkungen einer Erhöhung der Körperkerntemperatur bzw. einer Erhöhung der Temperatur am Gehirn beim Sonnenstich.

Hitzekrämpfe

Hier kommt es bei starker körperlicher Belastung unter strahlender Hitze (Sonne, Hochofen, offenes Feuer etc.) zu einer Dehydrierung und einem Elektrolytverlust (NaCl). Die Patienten klagen über Krämpfe in der Muskulatur und müssen sich vermehrt übergeben (weiterer Flüssigkeitsverlust!). Im weiteren Verlauf entwickeln sich eine Vasodilatation und eine Tachykardie. Lebensgefährlich werden die Krämpfe, wenn durch die Elektrolytverschiebungen am Herzen Störungen in der Erregungsleitung entstehen.

Hitzeerschöpfung/Hitzekollaps

Wie bei den Hitzekrämpfen ist auch hier die Ursache eine Dehydrierung. Ein primärer Hitzekollaps entsteht durch den indirekten Flüssigkeitsmangel bei einer starken Vasodilatation. Ursache des sekundären Hitzekollapses ist der Verlust von Flüssigkeit durch starkes Schwitzen. Folge ist ein Kreislaufversagen bis hin zu einem hypovolämischen Schock.

Hitzschlag

Ein Hitzschlag droht, wenn sich durch eine starke Wärmezufuhr von außen und eine verhinderte Wärmeabgabe die Körperkerntemperatur auf über 43 °C erhöht. Im sogenannten roten Stadium ist die Haut gerötet und trocken. Bricht die Kreislaufregulation zusammen, folgt das graue Stadium mit einer myogenen Herzinsuffizienz, Dämmerzuständen bzw. Bewusstlosigkeit und Krampfanfällen.

Sonnenstich

Ursache für einen Sonnenstich ist eine direkte Sonneneinstrahlung auf den Kopf mit einer Temperaturerhöhung im Gehirn. Da dieses sehr empfindlich reagiert, zeigen sich schnell erste Zeichen einer meningealen Reizung bis hin zu intrazerebralen Blutungen.

Fazit

Für die Beurteilung einer Hitzeschädigung sind folgende Punkte wichtig:

- systemischer oder lokaler Hitzeschaden?
- Neuner-Regel für die Verbrennungsausdehnung
- Gradeinteilung der Verbrennungen
- Schädigung durch feuchte oder trockene Hitze?
- postmortale Veränderungen
- klinische Zeichen systemischer Hitzeschäden

10.2 Schäden durch Kälteeinwirkung

Kasuistik

Sie werden mit dem Einsatzstichwort „psychiatrischer Notfall“ in ein Wohngebiet gerufen. Dort finden Sie einen älteren Herrn (ca. 65 Jahre) vor, der im Garten eines Reihenhauses steht und sich trotz winterlicher Temperaturen von etwa 5 °C bis auf seine Unterwäsche und Socken ausgezogen hat. Als Sie ihn ansprechen, fällt Ihnen ein deutlicher Alkoholgeruch auf. Auf Ihre Nachfrage hin will der ältere Herr sich aber nicht wieder anziehen – ihm sei warm und alles sei in Ordnung, er habe nur ein bisschen zu viel über den Durst getrunken. Um Ihnen zu bestätigen, dass alles in Ordnung ist, geht er langsam in Richtung des Hauseingangs davon.

Was tun Sie? Lassen Sie ihn gehen und beobachten nur, ob er das Haus auch wirklich betritt? Oder halten Sie ihn auf und bestehen auf eine Untersuchung im RTW, notfalls mit Unterstützung durch die Polizei? Stimmt das Einsatzstichwort mit der vorgefundenen Situation überein?

Von einer Hypothermie spricht man, wenn die Körpertemperatur auf unter 36 °C gesunken ist. Normalerweise versucht der Körper durch Kältezittern einer Auskühlung vorzubeugen. Diese Form der Wärmeerzeugung ist aber ineffektiv, da gleichzeitig mehr Wärme abgegeben wird. Bei Neugeborenen und Säuglingen wird Wärme noch durch Verbrennung des braunen Fettgewebes zitterfrei erzeugt. Daher sollte man sich nicht in Sicherheit wägen, wenn Säuglinge nicht zittern. Wärme wird physiologisch hauptsächlich dadurch zurückgehalten, dass die Hautdurchblutung an den Extremitäten reduziert wird. So wird nur noch der Körperkern auf 37 °C gehalten. Wichtig ist diese Tatsache für die Temperaturmessung, besonders bei stark unterkühlten Personen. Hier sollte nur tief rektal oder in der Klinik ösophageal gemessen werden. Bereits die tympanale Messung im Ohr ist hier nicht mehr genau genug; als Selbstversuch sei eine Selbstmessung nach einem Winterspaziergang empfohlen.

Hypothermie (allgemeine Unterkühlung)

In der modernen Notfallmedizin hat die therapeutische Hypothermie inzwischen Einzug gehalten. Hier wird sie zur Verbesserung der Prognose bei Patienten nach Herz-Kreislauf-Stillstand nach erfolgreicher Reanimation angewandt.

Wann droht eine schwere akzidentielle Unterkühlung? Ab einer Außentemperatur von < 10 °C oder einer Wassertemperatur < 20 °C kühlt der menschliche Körper rasch aus. Unter bestimmten Umständen können auch höhere Temperaturen eine ernsthafte Hypothermie verursachen. Gefährdet sind insbesondere Personen, die aufgrund von Alkohol, Drogen oder psychiatrischen Erkrankungen die Kälte nicht adäquat einschätzen bzw. sich überschätzen. Ein hohes Risiko für eine Unterkühlung besteht außerdem bei allen bewusstlosen Personen und Patienten mit Traumata und Blutverlust.

Kältekrankheit

Wenn die Körpertemperatur unter 35 °C fällt, spricht man von der Kältekrankheit, die in 4 Stadien unterteilt wird:

Stadium 1 – leichte Hypothermie. Körperkerntemperatur zwischen 36 und 33 °C, die körpereigenen Regulationsmaßnahmen wie zum Beispiel Muskelzittern sind maximal ausgeprägt, reichen aber nicht mehr aus. Bei den Vitalfunktionen fällt eine Tachykardie und nicht selten auch eine Hyperventilation auf. Die kälteexponierten Akren sind schmerzhaft. Neurologisch sind die Patienten meist verwirrt und stark erregt. Daher wird dieses Stadium auch als Erregungsstadium oder **Exzitationsstadium** bezeichnet.

Stadium 2 – mittelgradige Hypothermie. Körperkerntemperatur zwischen 33 und 30 °C, „alles wird langsamer“: Der Muskeltonus nimmt ab, am Herzen tritt nun eine Sinusbradykardie auf, bei der Atmung kommt es zunehmend zu einer zentralen Depression und die Schmerzen lassen nach. Besonders gefährlich ist die hier beginnend auftretende Kälte-Idiotie, bei der die Patienten ein paradoxes Wärmegefühl empfinden und sich noch zusätzlich entkleiden. Ansonsten sind die Patienten meist desorientiert und erschöpft: Erschöpfungsstadium oder **Adynamiestadium**.

Stadium 3 – tiefe Hypothermie. Körperkerntemperatur zwischen 30 und 27 °C, es kommt zu einer passiven Erhöhung der Muskelstarrheit sowie zu einer Bradyarrhythmie, die Atmung wird weiter gedämpft zu einer Bradypnoe mit apnoeischen Phasen. Die Opfer verlieren das Bewusstsein und ihre Reflexe: Lähmungsstadium oder **Paralysestadium**.

Stadium 4 – Vita reducta. Körperkerntemperatur <27 °C, die Vitalfunktionen wie Puls und Atmung werden weiter reduziert bis hin zum Kammerflimmern und Atemstillstand. Bei noch erhaltenen Vitalfunktionen liegt ein Scheintod vor, verstirbt der Betroffene, spricht man vom Kältetod.

Besonderheiten

Bei unterkühlten Personen muss beachtet werden, dass sich Medikamentenspiegel und -wirkungen deutlich ändern. Dies ist zum einen wichtig für die Gabe von Notfallmedikamenten – hier sei auf die aktuellen Empfehlungen der Fachgesellschaften verwiesen –, zum anderen aber auch für etwaige Drogen- oder Alkoholspiegel.

Rechtsmedizinisch interessant ist die Tatsache, dass etwa 6% der Patienten ein finales Höhlenverhalten zeigen. Das bedeutet, dass diese Patienten bei nahendem Tod versuchen, sich zu verkriechen oder zu verstecken (Abb. 10.**3**). Als Grund kann nur vermutet werden, dass die Patienten unterbewusst versuchen ihren Leichnam vor Tieren zu schützen. Wichtig ist diese Tatsache, wenn Personen gesucht werden sollen, bei denen ein Kältetod vermutet wird.

Was sind die Besonderheiten einer Kälteleiche? Die Totenflecken erscheinen hellrot (DD CO-Intoxikation!), an Knien, Ellbogen und Hüften treten Kälteerytheme auf. Dies sind Hautverfärbungen ohne Unterblutungen (Abb. 10.**4**).

Abb. 10.**3** Tod durch Unterkühlung im Freien. Die Schürfungen an den Unterarmen und an der Stirn erklären sich durch ein agonales Kriechen.

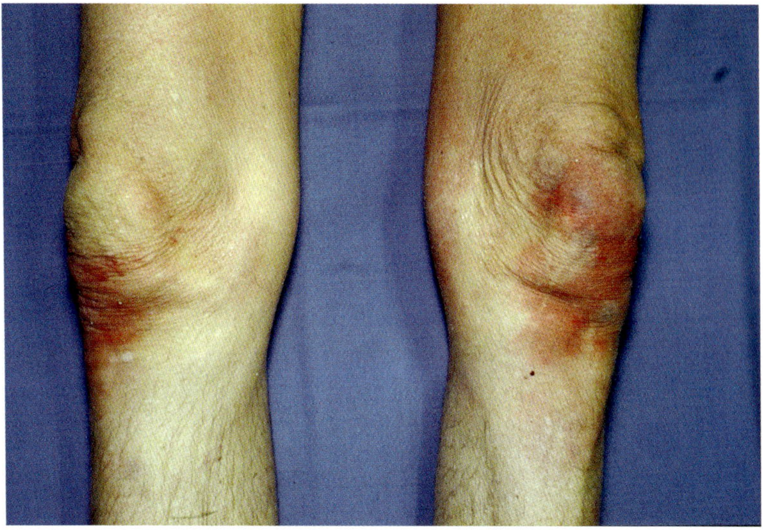

Abb. 10.**4** Das oftmals einzige äußerlich sichtbare Zeichen beim Tod durch Unterkühlen sind Rotverfärbungen der Knie (Kälteerythem).

Erfrierungen

Durch Kälteexposition kommt es zu einer Zentralisierung und folglich zu einer Gefäßkonstriktion an den Akren (Hände < Finger, Füße < Zehen, Nase, Ohren). Dauert diese über längere Zeit an, resultiert eine Ischämie der minderdurchbluteten Gewebe. Es folgt ein entzündlicher Prozess, der schließlich zu einer Nekrose führt. Ähnlich wie die Verbrennungen werden auch die Erfrierungen in Stadien eingeteilt:

- **Grad 1:** Durch die Gefäßkonstriktion ist der betroffene Bereich zuerst weiß und gefühllos, wird dann schmerzhaft und gerötet (Ausschüttung histaminartiger Substanzen) und kann teilweise stark jucken.
- **Grad 2:** Wenn der Bereich über längere Zeit der Kälte ausgesetzt war, bilden sich nach dem Wiedererwärmen Blasen, die entweder serös oder blutig gefüllt sind.
- **Grad 3:** Nach Absterben des Bereiches verfärbt sich dieser blau-schwarz. Hat der Patient „Glück", bleibt die Nekrose trocken und infiziert sich nicht. Infiziert sie sich, ist die Nekrose feucht und meist stinkend.

Sonderform Frostbeulen

Ähnlich wie Erfrierungen entstehen Frostbeulen an den Fingern und Füßen bei Kälteexposition. Allerdings können sie bereits bei Temperaturen unter 20 °C ausgelöst werden. Frostbeulen sind knötchenartige, bläuliche und wässrige Schwellungen. Besonders häufig treten sie an den Streckseiten der Finger und Zehen auf. Voraussetzung für Ihre Entstehung ist eine angeborene Veränderung an den Gefäßen.

Fazit

Um Schädigungen durch Kälte adäquat zu beurteilen, sollte man Folgendes bedenken:

- systemischer oder lokaler Kälteschaden?
- Gradeinteilung von Erfrierungen
- Stadieneinteilung der Hypothermie

11 Tötungsdelikte/Suizid

Kasuistik

Sie werden als RTW und NEF gegen 23.00 Uhr in ein Mehrfamilienhaus gerufen, dort sei es zu einem Familienstreit gekommen und eine Frau würde nun blutüberströmt im Treppenhaus liegen. Das geschilderte Szenario treffen Sie auch so vor. Die Polizei ist bereits vor Ort und hat soeben den ebenfalls blutverschmierten Ehemann mit Handschellen fixiert. Er wird gerade durchsucht. Sie finden eine ca. 45-jährige Frau in Seitenlage im Treppenhaus vor. Sie können weder Atmung noch Puls feststellen, woraufhin Sie mit den Reanimationsmaßnahmen beginnen. Parallel dazu wird die Kleidung der Frau aufgeschnitten, um die Blutungsquellen zu identifizieren. Sie können insgesamt 8 scharfrandige Hautdurchtrennungen an Thorax und Abdomen finden. Bei weiterhin persistierender elektromechanischer Entkoppelung im EKG legen Sie 2 großvolumige Venenzugänge und beginnen eine aggressive Volumentherapie, zusätzlich wird alle 4 Minuten 1 mg Suprarenin appliziert. Die Atemwege werden durch Intubation gesichert. Aufgrund der anhaltend schlechten Beatmungssituation und einem aufgehobenen Atemgeräusch links entschließen Sie sich noch an der Einsatzstellen zur Anlage einer Thoraxdrainage, die im Schwall ca. 1 Liter Blut fördert. Daraufhin verbessert sich zwar die Beatmungssituation, aber es lässt sich kein Kreislauf herstellen und es kommt im EKG zu einer Asystolie. Sie entschließen sich daher 25 Minuten nach Eintreffen an der Einsatzstelle, die Reanimationsmaßnahmen einzustellen. In Absprache mit der Polizei erfolgen die Aufräummaßnahmen, ohne das Spurenbild zu beschädigen; unter anderem wurde sofort nach Beendigung der Reanimationsmaßnahmen durch die Polizei mit einer Fotodokumentation begonnen. Sie führen die Todesfeststellung durch und übergeben dann die Leiche an die Polizei, damit sie ins rechtsmedizinische Institut gebracht wird.

Als Sie etwa eine Stunde nach der Alarmierung das Haus verlassen, sind Sie sehr überrascht, dass Sie bereits ein Fernsehteam empfängt. Der Reporter fragt Sie, was Sie zum Mordfall sagen können. Unter Hinweis auf Ihre Schweigepflicht geben Sie keine Auskünfte zum eventuellen Tathergang. Trotzdem machen Sie sich auf der Rückfahrt zur Rettungswache Gedanken, ob nun ein Mord, Totschlag oder sogar vielleicht eine Tötung auf Verlangen vorgelegen hat, schließlich hat der Ehemann unter Tränen die ganze Zeit beteuert, dass seine Frau Krebs hätte und alles keinen Sinn mehr machen würde. Oder hat sich die Frau vielleicht selbst verletzt und der Mann hat nur versucht zu helfen? Sie merken schnell: So einfach wie im Krimi ist es nicht und die Sachlage wird sich auch nicht in 45 Minuten wie im Vorabendprogramm klären lassen.

11.1 Einleitung

Es gibt nicht die Mordverletzung schlechthin und auch nicht den „Suizidklassiker", deshalb beschäftigt sich dieses Kapitel vorwiegend mit Begriffserklärungen zum besseren Verständnis der unterschiedlichen Formen des gewaltsamen Aus-dem-Leben-Scheidens durch fremde oder eigene Hand. Wie sieht die Realität außerhalb von Blockbuster-Filmen aus? Welche Tötungsdelike kommen wie oft in Deutschland vor? Jeder in der Notfallmedizin Tätige sollte ungefähr wissen, wie sich die einzelnen Tatbestände in juristischer Hinsicht unterscheiden, damit er für die Ermittlungsbehörden bis hin zum Gericht ein kompetenter Ansprechpartner in solch einem Einsatzszenario ist. Insbesondere gilt es zu vermeiden, durch falschen Sprachgebrauch (zum Beispiel Mord statt Totschlag) die Ermittlungen unbeabsichtigterweise zu beeinträchtigen. Die eigentliche Ermittlungsarbeit leistet jedoch ausschließlich die Polizei im Auftrag und in Zusammenarbeit mit der Staatsanwaltschaft, nicht das beteiligte medizinische Personal.

11.2 Tötungsdelikte

Statistik

Delikte werden in der Bundeskriminalstatistik erfasst. Erfassung und Auswertung erfolgen durch das Bundeskriminalamt. Hierbei ist allerdings zu beachten, dass nur die der Polizei bekannt gewordenen Fälle erfasst werden. Die Dunkelziffer liegt deutlich höher. Deutschlandweit wurde 2008 in 694 Mordfällen ermittelt, wobei es sich in 54,2 % der Fälle um versuchte Tötungsdelikte handelte, das Opfer also die Straftat überlebte. In 64 Fällen kam es zum versuchten Tötungsdelikt in Zusammenhang mit Raub, 19-mal in Zusammenhang mit einem Sexualdelikt. 2008 wurden 1572 Fälle von Totschlag (inkl. Tötung auf Verlangen) bekannt, hier lag die Versuchsrate bei 78,5 %. Erfreulicherweise konnte eine Aufklärungsquote von 97,2 % bei allen Tötungsdelikten verzeichnet werden.

853 Täter konnten für diese Delikte ermittelt werden, wovon 87,3 % männlichen und 12,7 % weiblichen Geschlechts waren. 1973 Täter mussten sich für Totschlag/Tötung auf Verlangen verantworten (87,1 % männlich, 12,9 % weiblich).

Die Opfer teilten sich wie folgt auf:

- Mord:
  - vollendet 370 (49,7 % männlich, 50,3 % weiblich)
  - versucht 556 (64,6 % männlich, 35,4 % weiblich)
  - gesamt 926 (58,6 % männlich, 41,4 % weiblich)
- Totschlag/Tötung auf Verlangen:
  - vollendet 352 (57,1 % männlich, 42,9 % weiblich)
  - versucht 1465 (74 % männlich, 26 % weiblich)
  - gesamt 1817 (70,7 % männlich, 29,3 % weiblich)

Die scheinbar unterschiedlichen Angaben zur Anzahl von Fällen, Tätern und Opfern sind darin begründet, dass sich teilweise mehrere Täter für ein Tötungsdelikt verantworten müssen oder ein Täter mehrere Delikte verübt hat.

Rechtsgrundlagen

Die verschiedenen Tötungsdelikte sind juristisch genau definiert. Sie sind im Strafgesetzbuch in den §§ 211 bis 222 StGB geregelt. Die wichtigsten Paragraphen, anhand derer eine Tötung (so der allgemeine Begriff) eingestuft werden kann, sind:

§ 211 Mord:
(1) Der Mörder wird mit lebenslanger Freiheitsstrafe bestraft.
(2) Mörder ist, wer aus Mordlust, zur Befriedigung des Geschlechtstriebs, aus Habgier oder sonst aus niedrigen Beweggründen, heimtückisch oder grausam oder mit gemeingefährlichen Mitteln oder um eine andere Straftat zu ermöglichen oder zu verdecken, einen Menschen tötet.

§ 212 Totschlag:
(1) Wer einen Menschen tötet, ohne Mörder zu sein, wird als Totschläger mit Freiheitsstrafe nicht unter fünf Jahren bestraft.
(2) In besonders schweren Fällen ist auf lebenslange Freiheitsstrafe zu erkennen.

§ 213 Minder schwerer Fall des Totschlags:
War der Totschläger ohne eigene Schuld durch eine ihm oder einem Angehörigen zugefügte Misshandlung oder schwere Beleidigung von dem getöteten

Menschen zum Zorn gereizt und hierdurch auf der Stelle zur Tat hingerissen worden oder liegt sonst ein minder schwerer Fall vor, so ist die Strafe Freiheitsstrafe von einem Jahr bis zu zehn Jahren.

§216 Tötung auf Verlangen:
(1) Ist jemand durch das ausdrückliche und ernstliche Verlangen des Getöteten zur Tötung bestimmt worden, so ist auf Freiheitsstrafe von sechs Monaten bis zu fünf Jahren zu erkennen.
(2) Der Versuch ist strafbar.

§222 Fahrlässige Tötung:
Wer durch Fahrlässigkeit den Tod eines Menschen verursacht, wird mit Freiheitsstrafe bis zu fünf Jahren oder mit Geldstrafe bestraft.

Weitere wichtige Paragraphen, die auf Tötungsdelikte angewandt werden können:
- Sexueller Missbrauch von Kindern mit Todesfolge (§176b StGB)
- Vergewaltigung oder sexuelle Nötigung mit Todesfolge (§178 StGB)
- Aussetzung mit Todesfolge (§221 Abs. 3 StGB)
- Körperverletzung mit Todesfolge (§227 StGB)
- Beteiligung an einer Schlägerei, bei der der Tod eines Menschen verursacht wird (§231 StGB)
- Entziehung Minderjähriger (§235 Abs. 5 StGB)
- Freiheitsberaubung mit Todesfolge (§239 Abs. 4 StGB)
- Erpresserischer Menschenraub mit Todesfolge (§239a Abs. 3 StGB)
- Geiselnahme mit Todesfolge, §§239b Abs. 2, 239a Abs. 3 StGB
- Raub mit Todesfolge (§251 StGB), auch in der Form des räuberischen Diebstahls oder der räuberischen Erpressung mit Todesfolge
- Räuberischer Angriff auf Kraftfahrer mit Todesfolge (§316a StGB)
- Brandstiftung mit Todesfolge (§306c StGB)
- Herbeiführen einer Explosion durch Kernenergie oder Sprengstoff mit Todesfolge (§307 Abs. 3 StGB bzw. §308 Abs. 3 StGB)
- Missbrauch ionisierender Strahlung mit Todesfolge (§309 Abs. 4 StGB)
- Fehlerhaftes Herstellen einer kerntechnischen Anlage mit Todesfolge (§312 Abs. 4 StGB)
- Herbeiführen einer Überschwemmung mit Todesfolge (§§313 Abs. 2, 308 Abs. 3 StGB)
- Gemeingefährliche Vergiftung mit Todesfolge (§§314 Abs. 2, 308 Abs. 3 StGB)
- Angriff auf den Luft- und Seeverkehr mit Todesfolge (§316c Abs. 3 StGB)
- Beschädigen wichtiger Anlagen mit Todesfolge (§318 Abs. 4 StGB)
- Umweltstraftaten mit Todesfolge (§§324–329, 330 Abs. 2 Nr. 2 StGB)

- Schwere Gefährdung durch Giftfreisetzung mit Todesfolge (§ 330 a Abs. 2 StGB)

Mord versus Totschlag

Es ist oftmals nicht leicht zu verstehen, weshalb ein Tötungsdelikt als Mord oder als Totschlag klassifiziert wird. Kann dem Täter kein Mordmerkmal nachgewiesen werden und erfolgte die Tötung dennoch vorsätzlich, so handelt es sich um einen Totschlag. Die Unterscheidung ist eine rein juristische; es ist nicht die Aufgabe der Notfallmedizin, sich über derlei Unterschiede den Kopf zu zerbrechen. Daher empfiehlt es sich, nur von einem „Tötungsdelikt" oder einer „Fremdtötung" zu sprechen und sich jeglicher Wertung zu enthalten. Allerdings kann es sein, dass Beobachtungen, die von Seiten der Notärzte und Rettungsassistenten gemacht wurden, zur Einstufung in die eine oder andere Variante im Verlauf einer Hauptverhandlung herangezogen werden.

Tötung auf Verlangen

Für die Anerkennung einer Tötung auf Verlangen im Gegensatz zum Mord bzw. Totschlag ist der eindeutige und nachweisliche freie Wille des Verstorbenen entscheidend, durch den Täter getötet zu werden. Der Täter selber darf kein Interesse an oder Vorteile durch die Tötung haben. Der Täter führt hier aktiv die zum Tod führende Tötungshandlung aus, wie auch immer sie gestaltet sein mag. Dies ist der wesentliche Unterschied zur straffreien Beihilfe beim Suizid, bei der der Helfer dem Suizidenten bei der Vorbereitung und Durchführung des Suizids trotz Wissens um die Todesabsicht hilft, die Haupttätigkeit aber beim Suizidenten liegt.

Sterbehilfe

Juristisch werden folgende Formen der Sterbehilfe unterschieden: **Aktive Sterbehilfe** ist gleichbedeutend mit Tötung auf Verlangen und steht somit in Deutschland unter Strafe. Unter **passiver Sterbehilfe** versteht man etwas vereinfacht gesagt die Billigung des Todeseintritts durch Unterlassen von eigentlich angezeigten Maßnahmen wie künstlicher Ernährung, Einleitung einer Beatmungstherapie oder Reanimationsmaßnahmen im Einverständnis mit dem Patienten oder im Rahmen seines anzunehmenden mutmaßlichen Willens. Wenn ein Arzt mit Absicht seinem Patienten Medikamente verabreicht, die zwar indiziert sind, jedoch den Sterbeprozess beschleunigen können, so spricht man von **indirekter Sterbehilfe**. Diese ist nur dann straffrei, wenn sich keine Tötung auf Verlangen nachweisen lässt.

In den Medien wird zunehmend häufig der Umgang mit einer **Patientenverfügung** diskutiert, die nicht selten auch Auswirkungen auf Formen der Sterbehilfe hat. Das Unterlassen medizinischer Maßnahmen aufgrund des in der Verfügung geäußerten Wunsches des Patienten (passive Sterbehilfe) ist nicht strafbar. Im Gegenteil führt eine willentliche Missachtung zum Vorwurf der Körperverletzung. Für eine Verbindlichkeit der Patientenverfügung muss jedoch deren Echtheit, Aktualität sowie das dazu nötige Hintergrundwissen des Patienten nachgewiesen sein, was in Notfallsituationen oftmals nicht möglich ist und das Rettungsteam vor ethische sowie juristische Probleme stellen kann.

11.3 Suizid

Als Synonyme für Suizid werden die Begriffe Selbsttötung, Selbstmord oder Freitod verwendet. Alle diese Begriffe sagen nichts darüber aus, ob es sich um eine fahrlässige oder vorsätzliche Selbsttötung handelt. Weder ethisch noch juristisch lässt es sich eindeutig und einfach klären, unter welchen Bedingungen es sich um einen Tod aus freiem Willen im Rahmen des Selbstbestimmungsrechts handelt und ab wann eine eingeschränkte Entscheidungsfähigkeit beim präsuizidalen Syndrom vorliegt. Es ist weiterhin Gegenstand der Diskussion, ob es einen Suizid aus reiflicher Überlegung im Sinne eines wohl durchdachten Bilanzsuizides wirklich gibt. In der Regel ist es keine spontane Idee und Entscheidung, sich das Leben zu nehmen, sondern es gibt eine Vorgeschichte, die allerdings nicht immer für Außenstehende offensichtlich sein muss. Entweder es besteht eine psychiatrische Vorerkrankung (Depression, Schizophrenie, Psychose, Borderline-Persönlichkeitsstörung etc.) oder es kam zu einem kritischen und krisenhaften Lebensereignis wie die Diagnose einer schweren (und vielleicht unheilbaren) Erkrankung, die Trennung vom Lebenspartner oder massive finanzielle Schwierigkeiten.

Hilft ein Dritter bei der Durchführung der Selbsttötung, so spricht man von einem assistierten Suizid, der sich manchmal nur schwer von der Sterbehilfe abgrenzen lässt.

Häufigkeit und Methoden der Selbsttötung

Die WHO gibt für Suizide eine jährliche Inzidenz von 1 Million weltweit an, wobei anzunehmen ist, dass die Zahl der Suizidversuche um 10–20-mal höher liegt. 2007 wurden in Deutschland 9402 vollendete Suizide erfasst. Die Dunkelziffer ist deutlich höher, viele Selbstmorde werden im Rahmen der Leichenschau nicht erkannt.

Einflussfaktoren

Alter und Geschlecht haben einen großen Einfluss auf die Häufigkeit und die Methoden des Freitodes. Bei jungen Frauen ist die Häufigkeit der Suizidversuche am größten, bei älteren Männern am niedrigsten – allerdings kommt es in dieser Gruppe dann häufiger zur Vollendung. 2006 wurde für Deutschland ermittelt, dass Männer in 52,6% der Fälle sogenannte harte Methoden (Erhängen, Erdrosseln oder Ersticken, Sturz in die Tiefe, Schienen- oder Straßensuizid, Erschießen etc.) angewandt haben, Frauen in 34,5%. Frauen verwendeten häufiger „weiche" Methoden wie Medikamentenvergiftungen. Bei den Jüngeren handelt es sich vermehrt um Hilferufe oder parasuizidale Gesten, bei den Älteren besteht eine verstärkte Selbsttötungsabsicht.

Es gibt jahreszeitliche Schwankungen in der Suizidhäufigkeit. Entgegen der landläufigen Meinung kommen im Frühling und Sommer mehr Selbsttötungen vor als im Herbst und Winter. Auch besondere globale Ereignisse, wie zum Beispiel Wirtschaftskrisen, haben einen Einfluss auf die Selbstmordrate.

Nicht unerwähnt sollte bleiben, dass die Suizidrate bei Ärzten deutlich über der der Normalbevölkerung liegt: Ärzte nehmen sich 3,4-mal häufiger das Leben, Ärztinnen sogar 5,7-mal. Erklärbar ist dies durch die hohe psychische Belastung des Berufs, aber auch durch die vorhandenen Kenntnisse bzw. den einfachen Zugang zu „relativ sicheren Tatwerkzeugen".

Sonderfälle

Beachtenswert sind folgende Sonderfälle:

Alterssuizid. Hier erfolgt die Selbsttötung oft durch Unterlassen eigentlich angezeigter Handlungen wie Medikamenteinnahme oder durch das Verweigern der Nahrungsaufnahme.

Doppelsuizid. Zwei Menschen, nicht selten auch zuvor Lebenspartner, scheiden gemeinsam auf gegenseitigen Wunsch aus dem Leben. Beide Betreffenden sind sich bewusst, dass die Handlung zum Tod führt und sind damit einverstanden.

Massensuizid. Diese Selbsttötungsform steht meist im Zusammenhang mit einer religiös-spirituellen Handlung (Sektenselbstmorde).

Primär kombinierter Suizid. Der „Erfolg" der suizidalen Handlung soll durch die gleichzeitige Anwendung von mehr als einer Methode sichergestellt werden. Eine typische Kombination ist die Einnahme von zentral wirksamen Substanzen in der Badewanne. Nach Eintritt der Bewusstlosigkeit geraten die Atemöffnungen unter Wasser und das Opfer ertrinkt.

Sekundär kombinierter Suizid. Darunter versteht man die Anwendung mehrerer Suizidmittel nacheinander, wenn das primär ausgewählte Mittel nicht zum Erfolg führt. Dabei kommt es in der Regel zu einer Steigerung der Gewaltanwendung.

Erweiterter Suizid. Dabei reißt der Suizident eine oder mehrere Personen gegen deren Willen mit in den Tod. Nicht selten handelt es sich um Familiendramen.

Suizid als Protest. Hier will der Selbstmörder sich selbst opfern mit der Intention, die Gesamtsituation zu verbessern. Als Beispiel sei hier die Selbstverbrennung bei politischen Demonstrationen genannt.

Suizid als (para-)militärische Taktik. Aktuell sind weltweit eingesetzte Selbstmordattentäter häufig Gegenstand der Berichterstattung in den Medien.

Suizidprävention

Suizide werden in der Mehrzahl der Fälle vorab angekündigt. Diese Andeutungen werden aber häufig nicht ernst genommen, nicht verstanden oder gar ignoriert, so dass der Selbstmordversuch nicht verhindert werden kann. Es wird empfohlen, bei einem Verdacht den Patienten direkt und offen auf mögliche Selbstmordabsichten anzusprechen. Meist bekommt man eine ehrliche Antwort und der Gefragte empfindet es nicht selten als befreiend, darüber zu sprechen.

Als präsuizidales Syndrom werden die Symptome Einengung des Denkens, Aggressionshemmung sowie -umkehr und Suizidphantasien zusammengefasst. In vielen Fällen kommt es zu einer Phase der „Ruhe vor dem Sturm", in der der Betroffene einen ruhigen und ausgeglichenen Eindruck machen kann. Hat er gerade in dieser Phase Kontakt mit dem Rettungsdienst, können die Helfer die drohende Gefahr nur sehr schwer erkennen, zumal ihnen der Patient in der Regel ja nicht bekannt ist. In dieser Situation ist es besonders wichtig, nach **Risikofaktoren** für eine Suizidalität zu fahnden. Die wichtigsten sind:

- Suizidversuche in der Vergangenheit
- erfolgte Suizide im näheren sozialen Umfeld (Familie, Freunde, Arbeitsstelle)
- Selbstmordgedanken (Achtung: Manchmal liegen zwischen erstmaligem Suizidgedanken und Durchführung nur wenige Stunden!)
- direkte oder indirekte Suizidandrohung
- Kommunikation über Pläne und Bekanntwerden von Vorbereitungshandlungen

Mit dem Wissen um die Selbsttötungsabsicht ist man, gerade als professioneller Helfer, stets in der Pflicht, Maßnahmen zum Schutze des Patienten zu ergreifen.

Rechtslage in Deutschland

Auch wenn es sich im Prinzip um eine Straftat handelt, so steht der Freitod, auch dessen Versuch, in Deutschland nicht unter Strafe. Gelingt die Selbsttötung nicht, kann man dafür also auch nicht bestraft werden. Die zwangsweise Unterbringung in einer psychiatrischen Abteilung nach dem Psychisch-Kranken-Gesetzes (PsychKG) begründet sich vielmehr in der akuten Selbstgefährdung. Die Assistenz beim Suizid ist zwar straffrei, anders verhält es sich bei Mandatsträgern (beispielsweise Ärzten) mit Garantenstellung, die bei einer akuten Selbstgefährdung in Zusammenarbeit mit dem Vollzugsdienst für eine Unterbringung in einer psychiatrischen Klinik sorgen müssen. Außerdem besteht die Pflicht zur Hilfeleistung bei einem Suizidversuch, ansonsten macht man sich der unterlassenen Hilfeleistung sowie im Extremfall des Totschlages durch Unterlassen schuldig. Einem Suizidenten müssen also die gleichen notfallmedizinischen Maßnahmen zuteil werden wie dem Opfer eines Unglücksfalls.

Nicht rechtlich verbindlich, aber dennoch allgemein anerkannt geregelt ist die Berichterstattung über eine suizidale Handlung in den Medien. Nach der Empfehlung des deutschen Presserates von 1997 ist von einer Berichterstattung abzusehen, sofern kein gesteigertes Interesse der Öffentlichkeit daran besteht. Zweck dieser Maßnahme ist es, einen etwaigen Nachahmungseffekt (Werther-Effekt) zu vermindern.

Versicherungen und Suizid

Die **Lebensversicherung** wird bei Selbstmord nicht ausgezahlt, wenn dieser innerhalb von 2 Jahren nach Abschluss der Versicherung erfolgt ist. Dies ist eine Sicherheitsmaßnahme der Versicherungsgesellschaften, weil es vorkam, dass Personen, die eine Selbsttötung beabsichtigten, ihre Angehörigen mit horrenden Versicherungssummen abdeckten. Diese Klausel tritt zumeist jedoch nicht in Kraft, wenn der Selbstmörder zu dieser Zeit unzurechnungsfähig ist, was bei einem Suizidenten eigentlich nie oder nur schwer ausgeschlossen werden kann. Daher kann von der Versicherung oder den Angehörigen eine rechtsmedizinische Untersuchung des Falles veranlasst werden.

Die **Haftpflichtversicherung** wird im Rahmen von Suiziden und Suizidversuchen dann herangezogen, wenn dadurch Dritte geschädigt wurden. Dies kann körperlich, seelisch oder materiell geschehen. Muss beispielsweise eine Großbaustelle ruhen, weil sich ein Selbstmörder 3 Stunden auf dem Kran verbarrikadiert, so hat der Bauunternehmer ein Anrecht auf Schadensersatz.

12 Verkehrsunfälle

Kasuistik

Sie werden als NAW gegen 23.10 Uhr zu einer angefahrenen Person innerhalb der Stadt gerufen. Am Einsatzort finden Sie einen ca. 40-jährigen Mann in einer Blutlache liegend mit Schnappatmung vor. Da es dunkel ist und regnet, entschließen Sie sich zu einer Crashrettung des offensichtlich polytraumatisierten Patienten in den NAW. Es muss umgehend mit Reanimationsmaßnahmen begonnen werden, da kein Puls tastbar ist und das EKG nur bradykarde breite Komplexe zeigt. Nach 25 Minuten frustraner Reanimation erklären Sie den Patienten für tot. Vor dem RTW befragt zu dieser Zeit die Polizei den PKW-Lenker, der den nun Verstorbenen angefahren hat, und führt bei ihm eine Messung des Atemalkoholspiegels durch, da ein deutlicher Foetor alcoholicus bemerkbar ist. Der Fahrer gibt an, der Fußgänger sei plötzlich auf die Fahrbahn gesprungen. Er habe noch eine Vollbremsung versucht, hätte dann aber mit geschätzten 20 km/h den Fußgänger erfasst.

Am Unfall-PKW ist die Frontscheibe zersplittert und zeigt ein Loch im oberen Bereich, die Motorhaube ist deutlich eingedellt. Angesichts dieser Schäden kommt Ihnen das Verletzungsmuster beim Opfer in den Sinn. Die beidseitig offenen Unterschenkelfrakturen mit nach ventral herausragenden Knochenfragmenten, der instabile Thorax im dorsalen Bereich mit sichtbarer Diskontinuität der Brustwirbelsäule und das schwere offene Schädel-Hirn-Trauma am Hinterkopf lassen Sie in Zusammenschau mit der Fahrzeugdeformierung an den Äußerungen des Fahrzeuglenkers zweifeln, da Sie davon ausgehen, dass der Fußgänger von hinten mit höherer Geschwindigkeit angefahren worden sein müsste.

Nach Ausleuchtung der Unfallstelle findet die Verkehrspolizei Spuren auf dem Gehsteig, die vermuten lassen, dass der PKW aufgrund überhöhter Geschwindigkeit aus einer Kurve hinausgetragen wurde und den auf dem Gehsteig laufenden Fußgänger erfasst hat.

12.1 Einleitung

Auch wenn internistische Erkrankungsbilder zahlenmäßig überwiegen, gehören Verkehrsunfälle zum „täglichen Brot" des Rettungsdienstes. Die Sicherheitstechnik in den Fahrzeugen hat sich zwar stetig verbessert, aber parallel dazu hat auch die durchschnittliche Geschwindigkeit im Straßenverkehr zugenommen. Flächendeckend verfügbare Traumazentren mit standardisierter Ausstattung ermöglichen heute eine hochmoderne, interdisziplinäre Traumaversorgung, die das Outcome der Verletzten deutlich verbessert. Auch die notfallmedizinische Versorgung vor Ort lässt sich nicht mit der von vor 30 Jahren vergleichen. Dennoch besteht weiterhin ein nicht zu unterschätzendes Verbesserungspotenzial in der Traumaversorgung. Unter anderem, und darauf zielt dieses Kapitel hauptsächlich ab, kommt im Rahmen der „erweiterten Diagnostik" an der Unfallstelle der Korrelation zwischen Unfallmechanismus und vermutetem Verletzungsmuster immer mehr Bedeutung zu. Als Notfallmediziner sollte man den möglichen Unfallhergang noch einmal im Kopf durchspielen – dies dient nicht nur der Plausibilitätsprüfung des geschilderten Unfallhergangs wie in der Kasuistik zu diesem Kapitel, sondern erweitert auch den diagnostischen Blick bezüglich des zu erwartenden Verletzungsmusters.

Früher konzentrierte man sich allein auf die äußerlich sichtbaren und eindeutigen Verletzungen der Unfallopfer, heute betrachtet man in modernen Versorgungsstandards vor Ort auch den Unfallmechanismus mit seinen für diesen Einzelfall potenziellen Verletzungen. An der Schnittstelle zur klinischen Weiterversorgung erfolgt die Weitergabe dieser Informationen, so dass auch die Unfallchirurgen ihre Schlüsse daraus ziehen können. Und genau bei dieser Korrelation zwischen Unfallmechanismus und klassischen Traumafolgen kann die Notfallmedizin von der Rechtsmedizin lernen, da dort alle Verletzungen zu Tage treten, die dem Notfallmediziner nicht selten verborgen bleiben.

Die Verkehrsunfallrekonstruktion der Ermittlungsbehörden dient vor allem der Klärung des Unfallhergangs. Aus juristischer Sicht stellen sich dann die Schuldfrage und die Frage der Vermeidbarkeit. Die Medizin kann hier wichtige Hinweise – von Indizien bis hin zum Beweis – geben. Dennoch sei auch hier vor eigenmächtigen Ermittlungstätigkeiten gewarnt. Es ist nicht ärztliche Aufgabe, Ermittlungen durchzuführen, und schon gar nicht, die Schuldfrage zu klären.

12.2 Statistik

Den folgenden Ausführungen liegen die Daten des Statistischen Bundesamtes für das Jahr 2008 zugrunde. Demzufolge wurden 2008 in Deutschland 2 293 663 Verkehrsunfälle polizeilich aufgenommen, davon waren 320 614 mit

Personenschaden. 413 524 Personen kamen dabei körperlich zu Schaden, 4477 davon verstarben (9,5 % weniger als 2007), 70 644 Verkehrsteilnehmer wurden schwer, 338 403 leicht verletzt.

Von den Verstorbenen waren 1222 als Zweiradfahrer, 2561 als Insassen von PKW/LKW/Bussen und 653 als Fußgänger in die Verkehrsunfälle verwickelt. Die Verletzten teilten sich wie folgt auf: Zweirad 131 050, PKW/LKW/BUS 240 882 und Fußgänger 32 770.

18 205 Unfälle ereigneten sich unter dem Einfluss berauschender Substanzen.

Diese Zahlen sollen verdeutlichen, dass Verkehrsunfälle trotz der erfreulicherweise sinkenden Zahl Getöteter, weiterhin ein immenses Problem unserer Gesellschaft sind, das sich auch nicht mittelfristig durch noch ausgefeiltere Sicherheitstechnik lösen lässt.

Deutschland befindet sich bei den Unfallfolgen im europäischen Mittelfeld, was vermutlich an den hohen festgeschriebenen Sicherheitsstandards, aber auch an der im Vergleich hohen zulässigen Höchstgeschwindigkeit liegt.

12.3 Klassische Unfallszenarien

Typische Unfälle haben ihre eigenen traumatologischen Gesetzmäßigkeiten mit einem charakteristischen Verletzungsmuster. Im Umkehrschluss lassen sich aber auch anhand des Verletzungsmusters Rückschlüsse auf die Unfalldynamik ziehen.

Bei den klassischen Unfallabläufe lassen sich folgende 3 Standardszenarien unterscheiden:

- PKW contra Fußgänger
- PKW contra PKW
- PKW contra Zweirad

Es empfiehlt sich, zunächst den prinzipiellen Ablauf dieser Standardsituationen in Gedanken durchzuspielen und alle wesentlichen Parameter zu bedenken, die Einfluss auf das Verletzungsmuster und die Schwere der Schäden haben können. Danach fällt es leicht, Abweichungen von diesen Szenarien (beispielsweise ein feststehendes Hindernis wie eine Betonwand) in die Überlegungen miteinzubeziehen.

Bei fehlender Plausibilität zwischen Unfallmechanismus bzw. den wenigen sichtbaren Verletzungen und einem tödlichem Ausgang ist immer auch an einen Tod aus innerer Ursache zu denken (zum Beispiel Herzinfarkt) mit dem Verkehrsunfall als sekundärem Ereignis. Bei manchen Unfallszenarien, wie etwa beim Anprall gegen ein festes Hindernis neben der Fahrbahn oder beim Lenken des eigenen Fahrzeugs in den Gegenverkehr, kommt auch ein Suizid in Betracht.

PKW contra Fußgänger

Prallt ein PKW auf einen Fußgänger, nimmt der elastische menschliche Körper die Bewegungsenergie des PKW auf, was mit einem senkrechten Sturz des Körpers auf eine harte Oberfläche vergleichbar ist. Daher kann man für solche Unfälle auch grafisch eine Korrelation von Geschwindigkeit, Fallhöhe und Verletzungsschwere (beispielsweise als Auflistung der Einzelverletzungen in der Abreviated Injury Scale, AIS) herstellen und abbilden.

Um einen konkreten Unfall mit all seinen Folgen (Beschädigungen des Fahrzeugs, Verletzungen der Beteiligten) verstehen und rekonstruieren zu können, muss man folgende Parameter beachten:

- Kontur des PKW, vor allem Form der Fahrzeugfront
- Schäden am Fahrzeug
- Größe, Konstitution und Körperhaltung des Fußgängers und Verhältnis des primären Anprallpunktes zum Schwerpunkt des Körpers
- Anstoßart (Frontalkollision, seitlicher Anprall oder Streifung)
- ungefähre Geschwindigkeit des Fahrzeugs zum Unfallzeitpunkt

Die Bekleidung des Fußgängers ist sicherzustellen, auch wenn sie für die notfallmedizinische Behandlung aufgeschnitten werden musste (Notfallmedizin hat immer Vorrang vor Spurensicherung). Denn häufig sind charakteristische Spuren der Gewalteinwirkung, wie zum Beispiel Reifenabdrücke beim Überrollen oder Stoffanschmelzungen an der Kontaktstelle, auf der Kleidung zu finden. Wenn die Bekleidung nicht an der Unfallstelle bei der Polizei verbleibt, so ist sie im Krankenhaus mit der Bitte um Verwahrung zu übergeben, auch wenn sie nicht mehr verwendbar erscheint.

12

Unfallablauf bei einer Kollision

Zusammenstöße mit Fußgängern laufen typischerweise in mehreren Phasen ab, die zu charakteristischen Verletzungen führen:

1. Anstoß (Verhältnis zum Körperschwerpunkt wichtig)
2. Aufladen (Aufschöpfen) auf die Motorhaube oder Umstoßen (abhängig vom Schwerpunkt des Körpers und der Kollisionsgeschwindigkeit)
3. Abwerfen

Mit etwas Übung können die einzelnen Verletzungen den Unfallphasen zugeordnet werden.

Anstoß. Die primäre Anstoßstelle des PKW befindet sich bei erwachsenen Fußgängern meist im Bereich der Unterschenkel. Durch die Schubbewegung beim Anstoß kommt es oft zu charakteristischen Abriebspuren auf den Schuhsohlen (auf beiden Sohlen bei stehenden, auf einer Sohle bei gehenden Fußgängern). An der Haut sind Abdrücke (zum Beispiel Schürfungen oder Einblutungen) durch das kontaktierende Fahrzeugteil, meist den vorderen Stoßfänger, zu erwarten. An der Tibia entstehen typische Biegungsbrüche in Keilform (Messerer-Bruch), wobei die Keilspitze in die Richtung der einwirkenden Gewalt zeigt. Durch die Bruchform können die Richtung des Anstoßes und auch die Bewegungsrichtung des Fußgängers rekonstruiert werden. Die Bruchlastgrenze der Tibia liegt bei ca. 20 km/h bei jungen Erwachsenen und lediglich bei 5 km/h bei älteren Personen. Durch Kraftübertragung des auf dem Boden durch das Körpergewicht fixierten Fußes sind Sprunggelenkfrakturen (typischerweise Pilonfrakturen) möglich.

Aufladen. Durch den Anstoß kommt es zu einer Beschleunigung der Unterschenkel und einer trägheitsbedingten Verzögerung des Oberkörpers, so dass der Körper auf die Motorhaube aufgeladen wird. Gleichzeitig kommt es je nach Anstoßwinkel zu einer mehr oder weniger stark ausgeprägten Rotationsbewegung des Fußgängers um seine Hochachse. Der Aufprall des Körpers auf der Motorhaube führt zu einer Eindellung im vorderen Bereich. Als korrespondierende Verletzungen sind Hämatome im Bereich der Hüften oder des Gesäßes zu erwarten. Der Kopf kann auf der Motorhaube (vor allem bei kleiner Körpergröße oder langsamer Kollisionsgeschwindigkeit), der Windschutzscheibe oder bei sehr großen Menschen oder höheren Kollisionsgechwindigkeiten an der oberen Scheibenbegrenzung aufschlagen, was regelhaft zu einem Schädel-Hirn-Trauma führt. Die Beschädigungen am Fahrzeug liegen dabei nicht auf einer Linie, sondern sind zueinander versetzt, woraus sich die Gehrichtung rekonstruieren lässt. Wenn durch den Aufprall des Kopfes die Frontscheibe zersplittert, resultieren Schnittwunden und Splitteranhaftungen in den Wunden. Außerdem kann sich ein Abdruck der Scheibenwischerachse am Körper bilden, da diese sehr stabil ist und senkrecht aus dem Fahrzeug heraussteht. Bei neueren Fahrzeugen ist die Scheibenwischerachse deshalb mit einer Abdeckung versehen.

Rückschlüsse auf die Fahrzeuggeschwindigkeit kann der Auftreffort des Kopfes geben. Für erwachsene Fußgänger gilt folgende Faustregel:

- bis 40 km/h – auf der Motorhaube
- 40–70 km/h – in der Frontscheibe
- ca. 70 km/h – im Bereich des oberen Scheibenrahmens

Nur bei extrem hoher Geschwindigkeit über 70 km/h überfliegt das Opfer den PKW, so dass nur Verletzungen durch den Primärkontakt und den Abwurf vorliegen.

12

Abwerfen. In dieser abschließenden Phase wird der Fußgänger horizontal vom Fahrzeug abgeworfen, bei niedriger Geschwindigkeit rutscht er vom Fahrzeug. Die dabei frei werdende Energie ist in Relation zum Anstoß und Aufprall auf dem Fahrzeug deutlich herabgesetzt, weshalb die Abwurfverletzungen von geringerer Schwere sind. Dennoch können die dabei entstandenen Verletzungen die Primärverletzungen überdecken, so dass primär eine Differenzierung schwer möglich ist. Die beim Abwerfen entstehenden Verletzungen sind hauptsächlich durch den Rutschvorgang am Boden bedingt, was meist zu großen und eher oberflächlichen Schürfungen führt.

Die Distanz zwischen Anstoßstelle und Auffindeort wird für die Berechnung der Kollisionsgeschwindigkeit herangezogen. Deshalb sollte sich das Rettungsteam immer möglichst exakt die Auffindestelle merken, auch wenn der Patient zügig zur weiteren Versorgung in ein Fahrzeug verbracht wird.

Sonderfälle. Da Kinder einen niedrigeren Schwerpunkt haben, werden sie meist nicht aufgeladen und abgeworfen, sondern gelangen nach dem primären Anstoß unter das Fahrzeug. Ähnlich verhält es sich bei erwachsenen Fußgängern bei einer Kollision mit einem LKW oder einem Schienenfahrzeug aufgrund deren nahezu senkrechter Fahrzeugfront. Ein weiterer Sonderfall stellt der ins Fahrzeuginnere geschleuderte Fußgänger dar, wozu es entweder in der Aufladephase oder beim Abwurf kommen kann. Durch das schlagartige Abbremsen und Verfangen des Körpers im Fahrzeuginnenraum erleiden die Opfer meist schwerste und oft auch tödliche Verletzungen.

Überrollen und Überfahren

Weitere Formen der Unfälle mit Fußgängern sind das Überrollen und das Überfahren. Beim Überfahren liegt der Körper parallel zur Fahrzeuglängsachse. Die Verletzungen kommen durch die Unterbodenbauteile des Fahrzeugs zustanden, teilweise auch durch sich dort verfangenden Kleidung. Beim Überrollen liegt der Körper quer zur Fahrzeuglängsache. Voraussetzung in beiden Fällen ist, dass der Fußgänger auf der Fahrbahn liegt, beispielsweise nach Ausrutschen auf einem glatten Untergrund oder nach einem Sturz infolge höhergradiger Alkoholisierung. Eine weitere Möglichkeit ist, dass der Fußgänger nach der Kollision mit einem PKW vom nachfolgenden Verkehr überrollt wird. Geschieht das durch mehrere Fahrzeuge, sind die Verletzungen in der Regel tödlich. In diesen Fällen ist die Unfallrekonstruktion erschwert.

Nach einer Überrollung sind nicht selten Abdrücke des Reifenprofils auf der Kleidung und der Haut zu finden (Abb. 12.**1**). Durch dabei stattfindende

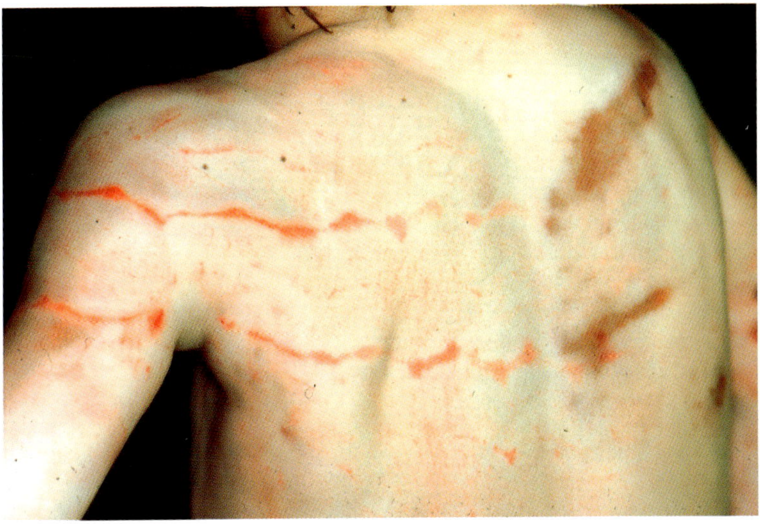

Abb. 12.1 Reifenabdruckspur an der linken Schulter und am Rücken eines überrollten Fußgängers.

Scherbewegungen der Haut und der darunter liegenden Weichteilschichten entstehen Dehnungsrisse der Haut bis hin zu Decollements (Ablederung) der Hautdecke von den Muskeln. Durch das im Vergleich zum menschlichen Körper hohe Fahrzeuggewicht kommt es außerdem zu schwersten inneren Verletzungen. Beim Überrollen des Hirnschädels sind Berstungsfrakturen und eine Zermalmung des Hirnschädels möglich. Großflächige Schürfwunden weisen darauf hin, dass der Körper über eine längere Distanz mitgeschleift wurde.

PKW contra PKW

In knapp 50% der Auffahrunfälle handelt es sich um einen Frontalaufprall, bei den übrigen erfolgt der primäre Aufprall auf das Heck oder die Seite.

Bei einem PKW-Unfall sollte man zur Rekonstruktion zunächst folgende Fragen klären:

- Sitzplatz des Patienten/Verstorbenen?
- Angeschnallt? Airbag?
- ungefähre Geschwindigkeit?
- Körperhaltung beim Aufprall?

Frontalunfall

Beim Frontalunfall kommt es zu einer plötzlichen und ruckartigen Bewegung der Insassen nach vorne. Insbesondere bei nicht angeschnallten Insassen entstehen sogenannte „dashboard injuries“ mit Mehrfachverletzungen vom Knie über Oberschenkel bis ins Becken durch die Kraftübertragung und -weiterleitung beim Anprall am Armaturenbrett (Abb. 12.**2**). Beim reflektorischen Abdrücken am Boden sind durch die muskuläre Fixierung des Beins am Untergrund Sprunggelenkfrakturen möglich. Bei nicht angeschnallten Insassen ist die Krafteinwirkung durch Lenkrad, Armaturenbrett oder – bei Fondinsassen – durch die Rückenlehne auf Thorax und Abdomen immens, was zu schweren inneren Verletzungen mit zum Teil nur relativ leicht ausgeprägten äußeren Zeichen führt.

Folge des Frontalaufpralls ist eine extreme Nickbewegung des Kopfes. Dabei handelt es sich *nicht* um ein HWS-Schleudertrauma wie beim Heckauf-

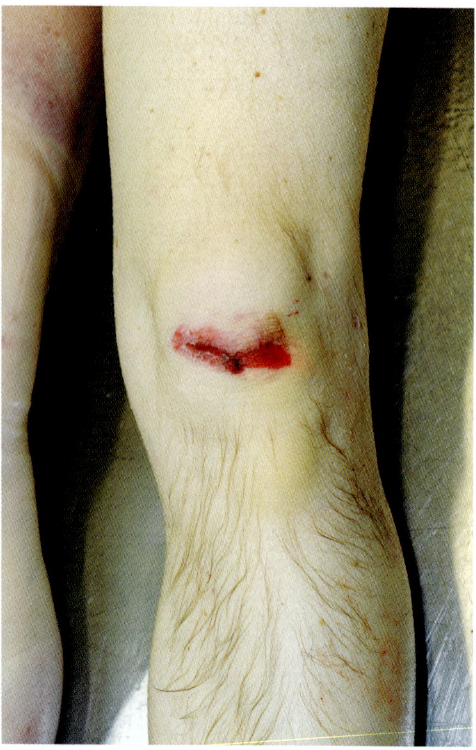

Abb. 12.**2** Schürfung des linken Knies eines PKW-Lenkers durch Anprall am Armaturenbrett bei Frontalkollision.

prall. Bei nicht angeschnallten Personen oder technischen Mängeln am Sicherheitsgurt prallt der Kopf auf das Lenkrad oder die Windschutzscheibe auf, ein Zeichen dafür können Glassplitter in den Kopfwunden sein. Reflektorisch versuchen die Opfer, sich mit den Händen abzustützen, was aber ab 15 km/h Aufprallgeschwindigkeit nicht mehr gelingt und zu Verletzungen der Hände sowie des Unterarms bis hin zu offenen Luxationsfrakturen führt (Abb. 12.**3**). Bei höheren Geschwindigkeiten kommt es zu Rippenserienfrakturen, Lungenkontusionen und Herzkontusionen bis hin zu Herzrupturen.

Moderne Sicherheitssysteme, insbesondere Dreipunktgurt und Airbag, haben zwar zu einem beträchtlichen Rückgang der schweren Verletzungen geführt, können sie aber nicht völlig verhindern. Manche Verletzungen entstehen erst durch Verwendung dieser Rückhaltesysteme: Typisch sind bandförmige Hämatome am Thorax und Serienrippenfrakturen sowie Hämatome am Unterbauch oder vor den Darmbeistacheln am Becken durch den Sicherheitsgurt. Durch die pyrotechnische Zündung der Airbags und durch Reibung können Verbrennungen der Hände auftreten. Da durch den Gurt der Rumpf fixiert wird, kommt es zu einer noch stärkeren Ventralflexion des Kopfes. Ein Gurttrauma beweist zwar dessen Verwendung, sein Fehlen schließt die Benutzung jedoch nicht aus. Anhand der Gurtabdrücke lässt sich sagen, ob der Insasse ursprünglich links oder rechts gesessen und ob es sich um eine Drei- oder Zweipunktgurtung gehandelt hat.

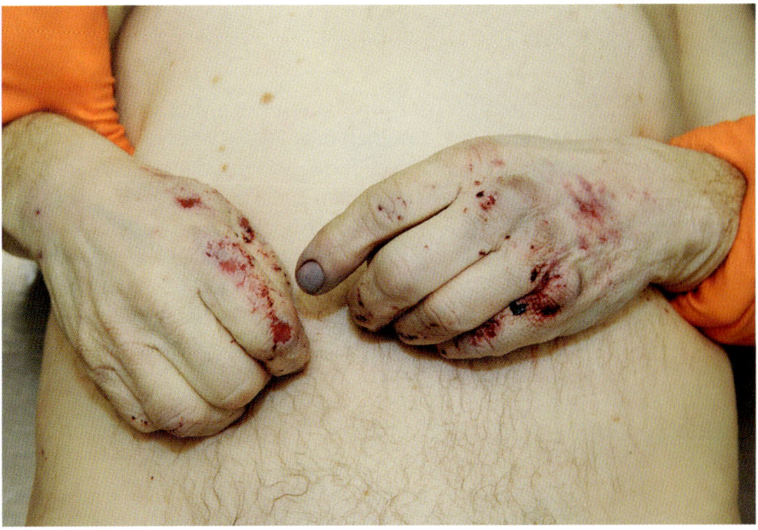

Abb. 12.**3** Verletzungen der Hände durch Glassplitter der Frontscheibe.

Zusätzlich zu den Aufprallverletzungen sind bei einem Frontalunfall auch Verletzungen durch in die Fahrgastzelle eindringende Gegenstände (zum Beispiel Motorblock) möglich.

Seitenaufprall

Beim Seitenaufprall ist die schützende Knautschzone baulich bedingt deutlich kleiner. Die Folge ist eine größere Energieeinwirkung auf den Körper durch den in die Fahrgastzelle eindringenden Unfallgegner. Der Sicherheitsgurt bietet in dieser Situation nicht viel Schutz, außer man sitzt auf der abgewandten Seite, denn dort verhindert der Gurt einen der Beschleunigung entsprechenden Aufprall auf die Karosserie-Innenseite. Die Seitenairbags sind in der Regel hingegen sehr effizient und reduzieren die Verletzungsfolgen beträchtlich. Dennoch ist die Verletzungsschwere im Vergleich zu Frontalunfällen höher. Besonders häufig kommen stumpfe Thoraxtraumen mit Rippenbrüchen, Hämatopneumothorax und Lungenkontusionen vor, weiterhin stumpfe Oberbauchtraumen mit Rupturen von Leber und Milz. Die bei diesem Unfalltyp entstehende, trägheitsbedingte Seitwärtsbewegung des Körpers kann zu Distorsionen der Halswirbelsäule und Verletzungen des Kopfes durch Anprall am Seitenfenster oder B-Holm führen.

Heckaufprall

Ein klassischer Verletzungsmechanismus beim Heckanstoß ist die Hyperreklination des Kopfes mit daraus resultierender HWS-Verletzung (sog. HWS-Schleudertrauma). Oft gibt es juristische Auseinandersetzungen bezüglich des Kausalitätszusammenhangs zwischen einem Unfallereignis und einer HWS-Schädigung. Bei normaler Sitzposition und orthogonalem Anstoß von hinten wird im Allgemeinen eine Mindestgeschwindigkeitsänderung von 13 km/h durch den Aufprall gefordert. Diese Geschwindigkeitsgrenze reduziert sich durch eine vorbestehende Schädigung der HWS oder bei einer abnormen Haltung der HWS (sog. out-of-position) zum Zeitpunkt des Unfalls.

PKW contra Zweirad

Für Kollisionen zwischen einem Zweirad und einem PKW bestehen prinzipiell 2 Möglichkeiten:

1. Der PKW trifft seitlich auf den Zweiradfahrer. Der Erstkontakt zum PKW erfolgt mit Unterschenkel, Knie oder Becken auf der dem PKW zugewandten Seite. Dann prallt der Oberkörper seitlich auf die Motorhaube. Bei höherer Unfallgeschwindigkeit kommt es zu einer Überschlagsbewegung in der Sagittalebene.

2. Der Zweiradfahrer stößt frontal auf den PKW. Die Kniegelenke prallen dabei zuerst auf den PKW, dann verhält es sich ähnlich wie beim Unfall Fußgänger contra PKW mit einer Auflade- und Abwurfphase des Zweiradfahrers, nur ausgehend von einer etwas höheren Ausgangsposition als beim Fußgänger. Der traumatologische Schwerpunkt liegt hierbei auf Oberschenkel- und Beckenverletzungen sowie bedingt durch den Aufprall auf dem PKW bei Abdominal-, Thorax- und Schädel-Hirn-Traumata. Oft entstehen schwerwiegende Verletzungen durch die seitlich sehr stabile Fahrgastzelle. Der abschließende Abwurf vom PKW führt meist bedingt durch die hohe Kollisionsgeschwindigkeit zu Überschlagsbewegungen in der Frontalebene. Bei Abstützversuchen kommt es regelmäßig zu kettenartigen Verletzungen der Unterarme, des Ellenbogens bis hinauf zum Oberarm. Durch die im Vergleich zum Fußgänger höhere Aufprallgeschwindigkeit verlängert und verstärkt sich die Rutschphase, was – außer beim Tragen adäquater Motorradbekleidung – dann auch zu schwereren Abriebsverletzungen führt.

Bei Zweiradunfällen ist immer der Helm auf Beschädigungen zu inspizieren und dann der Polizei zur genaueren Untersuchung zu übergeben.

13 Forensische Alkohologie

Kasuistik
Sie werden als Notarzt zu einem Verkehrsunfall gerufen, bei dem ein Fußgänger von einem PKW angefahren wurde. Der Fußgänger hat neben Hämatomen und Schürfungen eine Fraktur des Unterschenkels erlitten. Nachdem Sie sich um ihn gekümmert haben, werden Sie von der Polizei gebeten, sich auch noch den PKW-Fahrer anzuschauen. Dieser hat eine geringgradig blutende Quetschwunde an der Stirn. Bei der Untersuchung fällt Ihnen Alkoholgeruch auf. Die Antworten, die der Mann auf Ihre Fragen gibt, sind einsilbig. Er wirkt etwas geistesabwesend. Die Polizeibeamten bitten Sie, bei dem Mann auch noch eine Blutprobe zu erheben und ihn körperlich im Hinblick auf den Grad der Alkoholisierung zu untersuchen. Die Untersuchung lehnt der PKW-Fahrer jedoch ab. Zwei Tage nach dem Vorfall werden Sie als Zeuge vernommen. Gegenstand der Vernehmung ist unter anderem die Frage, inwieweit Sie etwas zum Trunkenheitsgrad und zur Fahrtüchtigkeit des Beschuldigten aussagen können.

13.1 Einleitung

Alkohol ist die am häufigsten konsumierte psychogen wirksame Substanz in Europa. In Deutschland beträgt die jährliche Trinkmenge pro Person 10,5 Liter reinen Alkohol, das bedeutet eine tägliche Alkoholzufuhr von 30 g/d, was etwa einem dreiviertel Liter Bier entspricht. Dabei trinken 7 % der Bevölkerung 50 % der jährlich konsumierten Alkoholmenge. Rund 3 000 000 Personen gelten in Deutschland als alkoholkrank, davon betroffen sind 5 % der erwachsenen Männer und 2 % der erwachsenen Frauen. Im Rettungsdienst gibt es zahlreiche Möglichkeiten, mit alkoholisierten Patienten in Kontakt zu geraten. Als Beispiele seien genannt:

- alkoholisierte Verkehrsteilnehmer bei Unfällen
- alkoholisierte Opfer bei Körperverletzungsdelikten
- Alkoholintoxikierte

Es ist daher sinnvoll und wichtig, dass Notärzte und Rettungsassistenten die Grundzüge der Pharmakologie des Alkohols kennen. Darüber hinaus können die Ersthelfer ggf. als Zeugen in nachfolgenden Strafverfahren vernommen werden. Gerade den Wahrnehmungen von medizinisch geschulten Personen kommt dabei eine wichtige Rolle zu, da sie mit mehr Sachverstand als Laien Ausführungen zur Trunkenheitssymptomatik machen können. Bei Straßenverkehrsdelikten betrifft dies vor allem die Frage der Fahrtüchtigkeit, bei Gewaltdelikten die Frage der Schuldfähigkeit.

13.2 Pharmakologie des Alkohols

Aufnahme

Die Alkoholaufnahme in den Körper erfolgt bis auf ganz seltene Ausnahmen durch Trinken. Andere Möglichkeiten wie Infusionen oder Einläufe sind Raritäten in Einzelfällen. Gelegentlich wird geltend gemacht, die Alkoholisierung sei durch Einatmung von Alkoholdämpfen oder durch perkutane Alkoholresorption entstanden. Diese Einlassungen sind Schutzbehauptungen, da weder über die Atmung noch über die Haut relevante Alkoholmengen in den Körper gelangen.

Die Dauer der Magenpassage ist variabel und neben individuellen Faktoren von verschiedenen Umständen abhängig. Eine kurze Magenpassage kommt beispielsweise vor bei CO_2-haltigen Getränke oder bei einem ansonsten leeren Magen. Eine lange Magenpassage wird beobachtet beim Konsum hochprozentiger Alkoholika – vor allem wenn es sich um größere Mengen handelt – oder wenn fettreiche Nahrung gegessen wurde.

Die Hauptresorption erfolgt im Dünndarm, wobei es sich hierbei nicht um einen aktiven Prozess, sondern um einen passiven Konzentrationsausgleich zwischen Darmlumen und Blutbahn handelt. Zwischen 10% und 30% des getrunkenen Alkohols erscheinen nicht im Blut, wofür sogenannte First-Pass-Mechanismen in der Darmwand und der Leber verantwortlich gemacht werden. Dabei gelangt der Alkohol direkt vom Darm über die Mesenterialvenen zur Leber und wird dort teilweise unmittelbar abgebaut, so dass er dann gar nicht im großen Körperkreislauf erscheint und somit das „Erfolgsorgan“ Gehirn nicht erreicht.

Verteilung

Nach Aufnahme des Alkohols in den Blutkreislauf wird er in allen wasserhaltigen Geweben des Körpers verteilt. Initial liegt aber ein Ungleichgewicht vor, da das Herzzeitvolumen (HZV) nicht über den ganzen Körper gleichmäßig verteilt ist. Etwa ein Viertel des HZV steht dem Gehirn zur Verfügung, weshalb in der Anflutungsphase relativ hohe Alkoholkonzentrationen im Gehirn auftreten. Daher sind in dieser Phase stärkere psychomotorische Ausfälle zu beobachten, als man in Anbetracht der im peripher-venösen Blut bestimmten Blutalkoholkonzentration (BAK) erwarten würde. Gleichzeitig liegt die Atemalkoholkonzentration (AAK) über der Blutalkoholkonzentration. Mit der Zeit kommt es aber zum Diffusionsausgleich zwischen allen wasserhaltigen Geweben. Zu diesem Zeitpunkt halten sich Alkoholresorption und Alkoholabbau die Waage, womit der Gipfelpunkt der Blutalkoholkonzentration erreicht ist. Dieser liegt bei „normalem" Trinkverhalten etwa bei Trinkende. In der Folge überwiegt der Abbau und die Blutalkoholkonzentration sinkt.

Ausscheidung

Die Alkoholelimination erfolgt überwiegend durch enzymatischen Abbau in der Leber, vor allem durch das Enzym Alkoholdehydrogenase. Die Ausscheidung durch Schweiß, Urin oder Atemluft ist so gering, dass sie vernachlässigt werden kann. Der Abbau beträgt mindestens 0,1 ‰, maximal 0,2 ‰, im Mittel 0,15 ‰ in der Stunde. Ethanol ist die einzige Fremdsubstanz mit einer linearen Eliminationskinetik (Abb. 13.**1**).

Eine Steigerung der Elimination ist praktisch nicht möglich. Die gelegentlich propagierten „Promillekiller" sind wirkungslos.

Alkoholwirkung

Ethanol ist eine Substanz mit vielfacher Wirkung auf Körper und Geist. Er beeinträchtigt die Koordinationsfähigkeit, das Sehvermögen, die Auffassungsgabe, das Reaktionsvermögen, die Wahrnehmung, die Emotionalität wie auch Kreislauf, Atmung und das Endokrinium, um nur einige zu nennen. Bereits bei niedrigen Konzentrationen tritt eine Enthemmung auf, die von den Konsumenten auch gewünscht ist. Sie erleichtert Sozialkontakte, steigert das Selbstwertgefühl und das subjektive Gefühl der Leistungsfähigkeit, hebt auch die Risikobereitschaft, mindert aber gleichzeitig die Kritikfähigkeit, die Auffassungsgabe und das Reaktionsvermögen. Störungen der Koordination machen

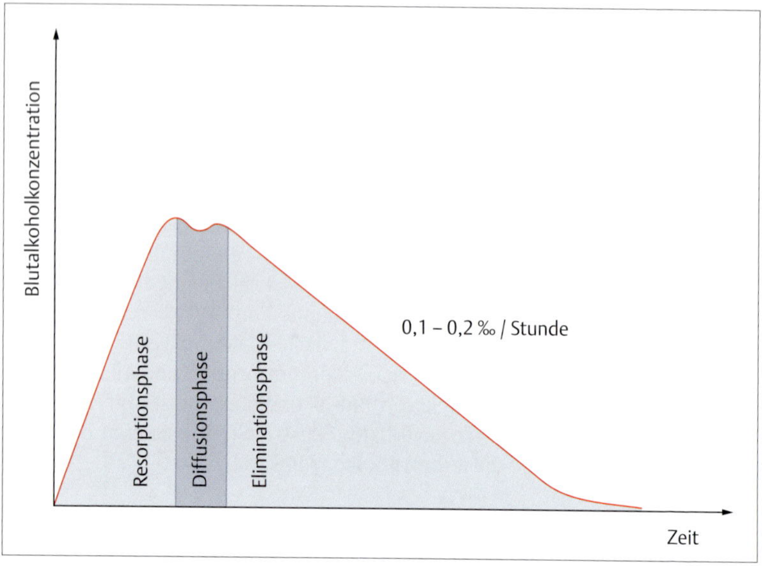

Abb. 13.**1** Blutalkoholkurve.

sich ebenfalls schon bei niedrigen Konzentrationen durch Silbenstolpern bemerkbar, bei steigender Alkoholisierung durch eine verwaschene Aussprache bis hin zum Lallen. Hinzu kommen Bewegungsunsicherheiten im Sinne von Ataxien. Diese werden ebenfalls mit steigender Alkoholisierung auffälliger: Gangunsicherheiten, Standunsicherheit, überschießende Bewegungen sind für Alkoholisierte typisch. Die Wirkung auf das Sehorgan macht sich durch ein eingeschränktes peripheres Gesichtsfeld, einen Tunnelblick, eine Verschlechterung der Tiefensehschärfe, eine Verschlechterung der Fokussierung, eine erhöhte Blendempfindlichkeit mit verschlechterter Adaptationsfähigkeit sowie – bei höherer Alkoholisierung – durch Doppelbilder bemerkbar.

13.3 Feststellung der Alkoholisierung

Prinzipiell kann der Grad der Alkoholisierung zu einem bestimmten Zeitpunkt bestimmt werden durch:

- Bestimmung der AAK
- Rückrechnung aus der BAK einer später entnommenen Blutprobe
- Berechnung der BAK auf der Basis der Trinkmengenangaben

Der Grad der Trunkenheitssymptomatik ist nicht geeignet, um die Blutalkoholkonzentration zu schätzen, da es viel zu große interindividuelle Schwankungen gibt und sich keine verlässliche Korrelation herstellen lässt.

Rückrechnung

Wenn einem Probanden eine Blutprobe zur Untersuchung auf Alkohol entnommen wurde, dann liegen zwischen dem Tatzeitpunkt und dem Entnahmezeitpunkt mindestens einige Minuten bis hin zu mehreren Stunden. Die gemessene Blutalkoholkonzentration gilt für den Entnahmezeitpunkt der Blutprobe, rechtlich relevant ist jedoch die Tatzeit-BAK. Für diese wird unter Zugrundelegung der Alkoholkinetik zurückgerechnet.

Nach den forensischen Vorgaben wird zur Berechnung der minimal möglichen Blutalkoholkonzentration die minimal mögliche Abbaurate von 0,1‰ pro Stunde zur gemessenen BAK addiert, wobei eine Zeitspanne von 2 Stunden nach Trinkende ausgespart ist (sog. rückrechnungsfreie Zeit). Zur Berechnung der maximal möglichen Blutalkoholkonzentration wird nach den forensischen Vorgaben die maximal mögliche Abbaurate von 0,2‰ pro Stunde zur gemessenen BAK und weiterhin als Sicherheitszuschlag einmalig 0,2‰ addiert. Das Trinkende ist dabei nicht von Interesse. Beispiele für die Berechnung zeigt Tab. 13.**1**.

Berechnung der Blutalkoholkonzentration aus Trinkmengenangaben

Die Blutalkoholkonzentration kann aus den Trinkmengenangaben durch die **Widmark-Formel** berechnet werden:

$$c = \frac{A}{p \cdot r}$$

wobei **c** die Blutalkoholkonzentration, **A** die aufgenommene Alkoholmenge in Gramm, **p** die Körpermasse und **r** der Reduktionsfaktor ist. Der Reduktionsfaktor gibt den Anteil an wasserhaltigem Gewebe im Körper an. Er beträgt bei einer normal konstituierten Frau 0,6, bei einem normal konstituierten Mann 0,7.

Die Alkoholmenge errechnet sich am einfachsten, indem man die Angaben zur Alkoholkonzentration, die auf den Getränkebehältnissen in Volumen-Prozent angegeben sind, mit dem Faktor 8 multipliziert. Dadurch erhält man die Menge an Alkohol, die in einem Liter des jeweiligen Getränks enthalten sind. In einem Liter Bier (5 Vol.-%) sind also 40 g Alkohol enthalten.

Tabelle 13.**1** Beispiele für Bestimmung der Blutalkoholkonzentration zur Tatzeit durch Rückrechnung aus der BAK einer später entnommenen Blutprobe.

Berechnung der minimal möglichen BAK	
Beispiel 1	
Trinkende	21.45 Uhr
Vorfall	22.00 Uhr
Blutentnahme	23.00 Uhr; BAK 1,00 ‰
Keine Rückrechnung, da Blutentnahme in der rückrechnungsfreien Zeit. Gemessene Blutalkoholkonzentration gilt als minimale BAK zum Vorfallszeitpunkt	
Beispiel 2	
Trinkende	19.45 Uhr
Vorfall	22.00 Uhr
Blutentnahme	23.00 Uhr; BAK 1,00 ‰
Rückrechnung um 1 Stunde zwischen Blutentnahme und Vorfall. Mindestabbau in dieser Zeit 0,1 ‰. Mindest-BAK zum Vorfallszeitpunkt daher 1,1 ‰	
Berechnung der maximal möglichen BAK	
Vorfall	21.00 Uhr
Blutentnahme	23.00 Uhr; BAK 2,00 ‰
Rückrechnung um 2 Stunden zwischen Blutentnahme und Vorfall. Maximal möglicher Abbau in dieser Zeit 0,4 ‰. Mit Sicherheitszuschlag kann die BAK zum Vorfallszeitpunkt daher maximal 2,6 ‰ betragen haben	

Von der mit der Widmark-Formel errechneten theoretischen Maximalkonzentration müssen noch der Resorptionsverlust (10 – 30 %) und der stündliche Abbau seit Trinkbeginn abgezogen werden (0,1 – 0,2 ‰ pro Stunde).

Atemalkoholkonzentration

Die Messung der Atemalkoholkonzentration ist ein einfach zu handhabendes und somit im Polizeidienst weit bereitetes Verfahren, um die Alkoholisierung zu bestimmen, und wird daher auch von den Polizeistreifen mit mobilen Geräten angewandt. Es besteht eine gewisse Korrelation zur Blutalkoholkonzentration, aber nur im sehr seltenen Idealfall kommt es zum Konzentrationsausgleich zwischen Alveolarluft und Blut, so dass aus der Atemalkoholkonzentration im Einzelfall nicht sicher die Blutalkoholkonzentration bestimmt werden kann.

Daher existieren auch unterschiedliche Grenzwerte für die Atemalkohol- und die Blutalkoholkonzentration im Straßenverkehrsrecht. Zugelassen als Beweismittel ist die Messung der Atemalkoholkonzentration in Deutschland nur für den Ordnungswidrigkeitsbereich im Straßenverkehr. Die Grenzwerte betragen 0,25 mg/l und 0,4 mg/l (§24a StVG).

13.4 Alkohol und Straßenverkehr

Im Straßenverkehrsrecht gelten folgende **Grenzwerte für die Blutalkoholkonzentration**:

- 0,3‰ = untere Grenze für den Bereich der relativen Fahruntüchtigkeit
- 0,5‰ = Ordnungswidrigkeit gemäß §24a StVG
- 1,1 ‰ = absolute Fahruntüchtigkeit für motorisierte Verkehrsteilnehmer
- 1,6‰ = absolute Fahruntüchtigkeit für Radfahrer

Für die relative Fahruntüchtigkeit muss die Blutalkoholkonzentration mindestens 0,3‰ betragen und es müssen zusätzliche Beweisanzeichen für eine Alkoholwirkung vorliegen, wie beispielsweise körperliche Ausfallserscheinungen, alkoholtypische Fahrfehler oder ein alkoholtypischer Unfall. Für die absolute Fahruntüchtigkeit muss die Blutalkoholkonzentration 1,1‰ oder mehr betragen, ob zusätzliche Beweisanzeichen vorliegen, ist unerheblich.

Eine häufige Einlassung nach alkoholbedingten Straßenverkehrsunfällen oder auch fraglichen Trunkenheitsfahrten ist der Nachtrunk. Dabei behauptet der Fahrer, er habe entweder sämtlichen Alkohol erst nach der Fahrt bzw. dem Unfall konsumiert oder zumindest einen großen Teil davon. Hierbei ist zu berücksichtigen, dass eine größere Menge Alkohol in kurzer Zeit zwar konsumiert werden kann, dies aber mit einer ausgeprägten Intoxikationssymptomatik einhergeht. Diese kann auch erst im Verlauf von einigen Minuten bis zu 1 Stunde auftreten, weshalb auf eine Veränderung des Verhaltens geachtet werden sollte. Weiterhin kann von Belang sein, ob im Fahrzeug leere Getränkeflaschen zu finden sind. Derlei Fragen können auf das Notarztteam auch zu einem späteren Zeitpunkt noch zukommen, wenn die Nachtrunkbehauptung erst im Laufe des Ermittlungsverfahrens oder während einer Gerichtsverhandlung aufkommt.

Alkoholtypische Fahrfehler und Unfälle im Straßenverkehr

Es gibt eine Reihe von Fahrfehlern wie auch von Straßenverkehrsunfällen, die typisch sind für alkoholisierte Fahrzeuglenker. „Alkoholtypisch" bedeutet nicht, dass diese Fahrfehler oder Unfallkonstellationen nur bei diesen vorkommen, mithin für eine Alkoholisierung beweisend wären. Sie kommen jedoch in der Gruppe der alkoholisierten Verkehrsteilnehmer häufiger vor als bei nüchternen.

Typische Fahrfehler sind:
- Beim Anfahren wird vergessen, das Licht einzuschalten.
- Es wird ohne Anlegen des Gurtes gefahren.
- Bei Gegenverkehr wird nicht abgeblendet.
- Richtungsänderungen werden nicht oder falsch angezeigt.
- Es wird mit stark überhöhter Geschwindigkeit gefahren.
- Unübersichtliche Kurven werden geschnitten.
- An unübersichtlichen Stellen wird mit überhöhter Geschwindigkeit und mit zu geringer Entfernung zum Gegenverkehr überholt.
- Anderen Kraftfahrern wird die Vorfahrt genommen.

Typische Unfälle sind:
- Geradeausfahren bei (langgezogenen) Linkskurven
- Streifen geparkter oder überholter Fahrzeuge
- Auffahrunfälle auf stehende Fahrzeuge (Ampel)
- Kollisionen beim Linksabbiegen mit Gegenverkehr

13.5 Alkohol und Schuldfähigkeit

Bei höhergradiger Alkoholisierung kann die Schuldfähigkeit erheblich eingeschränkt oder gar aufgehoben sein. Grundvoraussetzung einer entsprechenden Beurteilung ist, dass die Berauschung so stark ist, dass sie als „krankhafte seelische Störung" im Sinne des §20 StGB eingestuft wird. Um eine solche diagnostizieren zu können, sind vor allem Veränderungen des Verhaltens eines Beschuldigten/Angeklagten von Interesse, weniger die Höhe der Blutalkoholkonzentration. Dennoch sollte ab Blutalkoholkonzentrationen über 2,0‰ eine erhebliche Verminderung der Schuldfähigkeit und ab 3,0‰ eine Aufhebung der Schuldfähigkeit diskutiert werden. Neben alkoholbedingten Ausfallserscheinungen spielen auch die Tatumstände und das Gesamtverhalten des Täters eine Rolle. Wenn komplexe Handlungen über einen längeren Zeitraum hinweg sinnvoll durchgeführt werden können, wenn adäquat auf Änderungen der Situation reagiert werden kann, wenn längere, sinnvolle Gespräche möglich sind, dann spricht dies gegen eine Aufhebung der Schuldfähigkeit, selbst wenn die Blutalkoholkonzentration über 3,0‰ lag.

Keine Korrelation zur Handlungs- und Schuldfähigkeit haben die hinterher häufig behaupteten Erinnerungslücken (Blackout). Hierbei handelt es sich häufig um Schutzbehauptungen. Darüber hinaus bedeutet ein Nicht-Erinnern an Erlebtes nicht, dass man zum damaligen Zeitpunkt schuldunfähig gewesen wäre.

14 Toxikologie

Kasuistik

An einem schwülen Sommerabend werden Sie als NAW-Team zu einer bewusstlos gemeldeten Person in ein bürgerliches Wohnhaus gerufen. Dort werden Sie von der panischen Ehefrau mit den Worten „ich glaube, es ist zu spät empfangen und in den Bastelkeller geführt. Dort liegt inmitten der Werkstatt ein ca. 50-jähriger Mann in Seitenlage. Es lassen sich keine Lebenszeichen feststellen, die Pupillen sind entrundet und es lassen sich bei genauerer Betrachtung beginnende Leichenflecken ausmachen. Daher sehen Sie von Reanimationsbemühungen ab. Auffallend sind eine angetrocknete Abrinnspur aus einem Mundwinkel und eine kleine Pfütze von vermutlich Erbrochenem neben dem Verstorbenen. Auf der Werkbank steht eine geöffnete leere Sprudelflasche ohne Etikett, aus der ein stechender Geruch entweicht. Die Ehefrau gibt an, dass ihr Mann sich zum Schreinern an einer alten Kommode zurückgezogen hat – er sei in der letzten Zeit etwas in sich gekehrt gewesen, was sie auf den Verlust seinen Arbeitsplatzes vor 3 Monaten zurückführt.

Sie sagen der Frau, dass Sie aufgrund der ungeklärten Todesart die Polizei verständigen müssen, da Sie vermuten, dass der Mann aus der Flasche getrunken hat, und es für Sie nicht klärbar ist, um was für einen Inhalt es sich gehandelt hat und ob eine akzidentielle (aufgrund des schwülen Wetters vielleicht hastige) oder suizidale Ingestion vorliegt.

Während Sie die Todesfeststellungsbescheinigung ausfüllen, überlegen Sie sich, wie die Polizei bzw. die Rechtsmedizin die offenen Fragen klären kann.

14.1 Einleitung

Vergiftungen gehören zu den durchaus häufigen Todesursachen. Die Todesursachenstatistik weist pro Jahr etwa 1200 Todesfälle durch Intoxikationen aus. Bei den Substanzen dominieren Drogen und Medikamente, seltener sind tödliche Vergiftungen durch Gase wie Kohlenmonoxid oder Kohlendioxid, Ätzmittel oder Metalle.

Das sehr umfangreiche Thema der Vergiftungen kann hier nur kurz und exemplarisch gestreift werden. Sehr viel häufiger als tödliche sind nichttödliche Verläufe, mit denen man in der Notfallmedizin daher auch sehr viel mehr zu tun hat. Die Diagnose einer tödlichen Vergiftung kann nur durch toxikologische Untersuchungen im Anschluss an eine Obduktion gestellt werden. Aber die Umstände eines Leichenfundes, die äußeren Befunde bei der Leichenschau und die inneren Befunde können diagnoseweisend sein.

14.2 Äußere Leichenbefunde

Bei der äußeren Leichenschau können zahlreiche Befunde hinweisend auf eine Intoxikation sein. Hellrote Leichenflecken kommen bei Vergiftungen durch Kohlenmonoxid oder Zyanide vor, braungraue Leichenflecken bei Vergiftungen durch Nitrate. Häufig findet sich Erbrochenes um die Atemöffnungen (Abb. 14.**1**). Neben Erbrochenem fällt manchmal auch ein blutiger Schaumpilz auf. Dieser kann im Rahmen von Vergiftungen als Folge eines hämorrhagischen Lungenödems besonders bei Drogentodesfällen, aber auch bei anderen

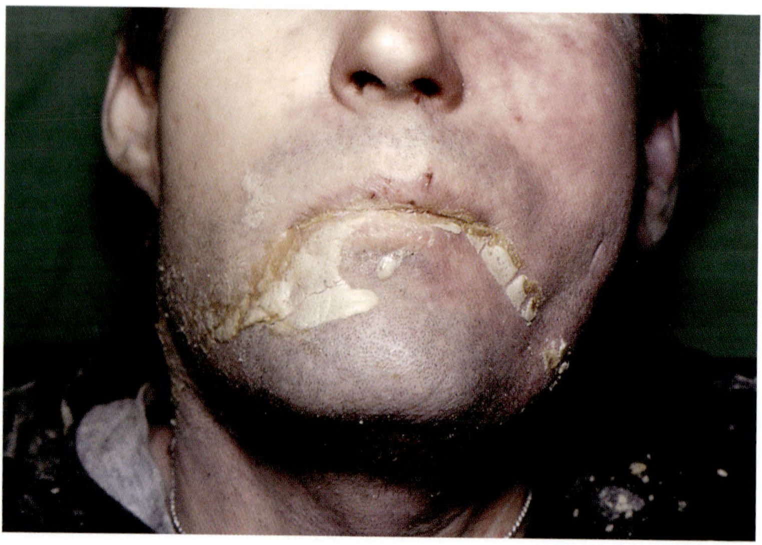

Abb. 14.**1** Erbrochenes am Mund bei tödlicher Medikamentenintoxikation.

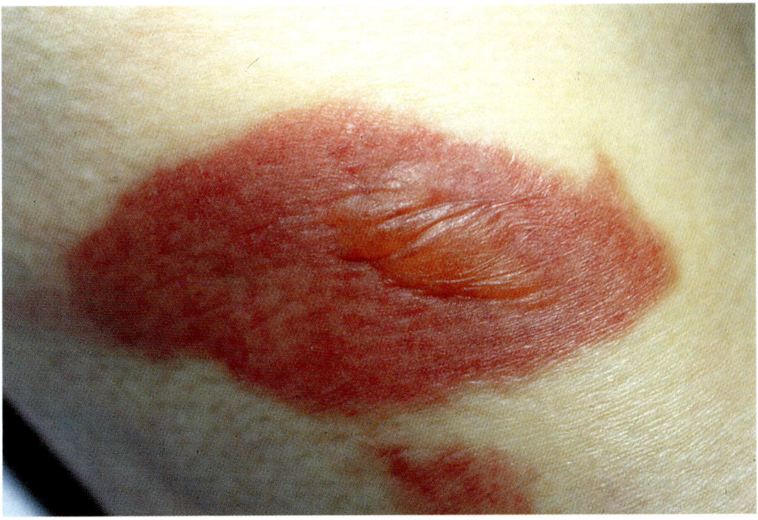

Abb. 14.**2** Holzer'sche Blase: druckbedingte Hautblase nach länger dauernder Agonie im Rahmen einer tödlichen Intoxikation.

Intoxikationen vorkommen, wenn diese mit einer länger dauernden Hypoxie einhergehen. Gerade dieser Befund kann ein Gesichtstrauma oder eine gastrointestinale Blutung vortäuschen. Der Geruch kann Hinweise auf das eingenommene Mittel geben.

Bei längeren agonalen Liegezeiten können Druckstellen und/oder charakteristische Hautblasen (sog. Holzer'sche Blasen) an den Stellen auftreten, an denen der Körper auf dem Untergrund auflag (Abb. 14.**2**), also vor allem in der Oberschenkel-/Hüftregion, an den Innenseiten der Knie, an Fußknöchel, Fingerrücken, Zehenrücken oder Wirbelsäule. Außerdem kommt es bei längeren prämortalen Liegezeiten häufig zum Harnabgang. Solche, manchmal mehrstündigen Liegezeiten sind keineswegs ungewöhnlich bei tödlichen Intoxikationen. Auch wird gelegentlich der Leichnam in einer etwas versteckten Lage gefunden, etwa unter dem Tisch oder unter dem Bett, was auf den ersten Blick verdächtig auf eine Fremdeinwirkung sein kann. Es lässt sich aber durch das finale Höhlenverhalten („Verkriechen") erklären, das etwa auch beim Tod durch Unterkühlen vorkommen kann (vgl. S. 108).

In der Umgebung des Leichnams können (leere) Medikamentenpackungen, Fixerbesteck, oder Trinkbehältnisse mit Anhaftungen entsprechende Hinweise geben (Abb. 14.**3**).

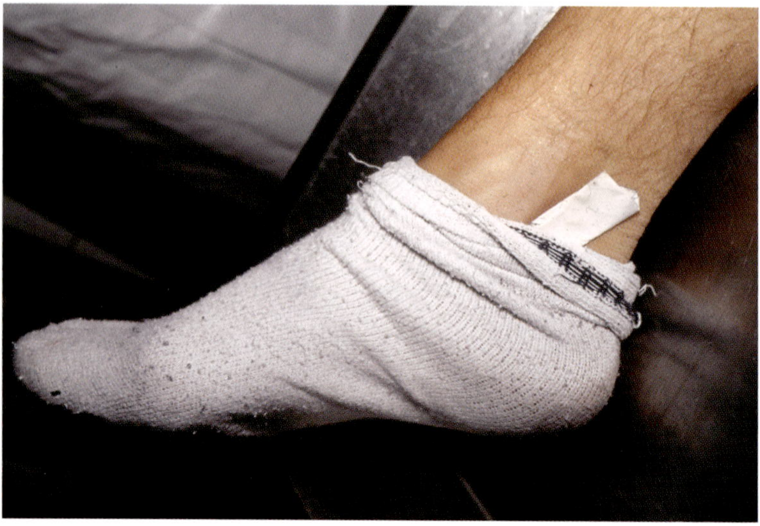

Abb. 14.**3** Heroinbriefchen, versteckt am Körper in einer Socke.

14.3 Innere Leichenbefunde

Es gibt nur wenige spezifische innere Leichenbefunde bei Intoxikationen. Typisch, aber unspezifisch für Vergiftungen ist die Kombination aus Hirnödem, Lungenödem, Blutstauung der inneren Organe, Aspiration von Mageninhalt und voller Harnblase. Je nach Substanz können noch weitere innere Veränderungen auftreten:

- Drogen: Injektionsstichspuren über Venen, hämorrhagisches Lungenödem
- Kohlenmonoxid: Lachsrote Verfärbung der Muskulatur, hellrotes Leichenblut
- Medikamente: teilaufgelöste Tabletten im Mageninhalt
- Ätzmittel: Verätzungen im oberen Magen-Darm-Trakt, bei Aspiration auch in den Bronchien

14.4 Drogen und Medikamente

Bei Drogentodesfällen können neben den oben genannten Zeichen einer längeren Agoniephase auch häufig weiter Befunde angetroffen werden. Eine typische Auffindesituation ist eine vornüber gekrümmte bis kauernde Haltung (Abb. 14.**4a**). Beim Vorliegen eines hämorrhagischen Lungenödems kann pas-

a

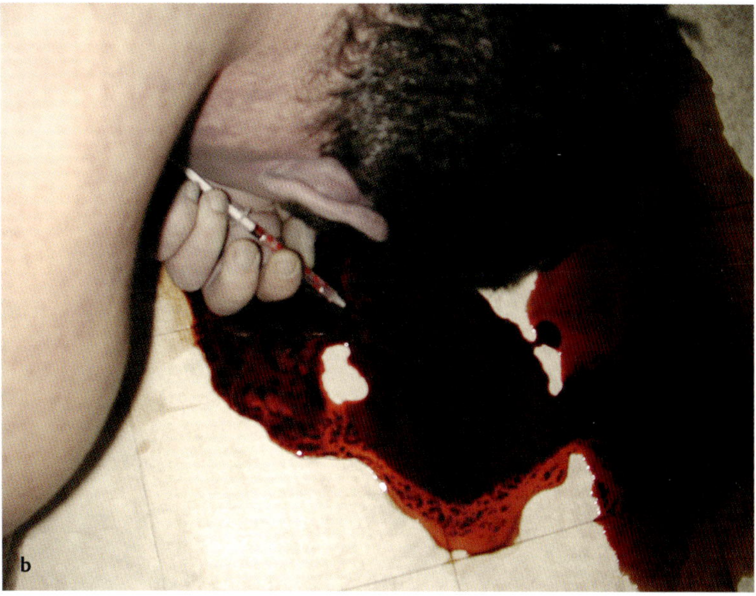

b

Abb. 14.**4 a, b** Tödliche Heroinintoxikation. Typisch ist die vornüber gebeugte, kauernde Haltung (**a**). Infolge Kopftieflage Austritt von blutiger Flüssigkeit aus den Atemöffnungen bei hämorrhagischem Lungenödem (**b**).

siv reichlich blutige Flüssigkeit aus den Atemöffnungen ablaufen (Abb. 14.**4 b**), was am Leichenfundort den Verdacht auf ein Gewaltverbrechen aufkommen lassen kann. Die Totenflecken sind sehr oft intensiv ausgeprägt und zeigen Totenfleckblutungen (Vibices). Frische Injektionsstichspuren werden mittlerweile nur noch in etwa 60% der Fälle gefunden, Narben von wiederholten Injektionen nur noch in etwa 50%. Hier hat sich das Befundspektrum in den vergangenen Jahrzehnten deutlich gewandelt. In aller Regel werden heutzutage Insulinspritzen verwendet, die kaum sichtbare Hautläsionen verursachen. Auch der Pflege- und Ernährungszustand von Drogenabhängigen ist mittlerweile meist normal.

Auch werden Drogentode heutzutage eher selten auf öffentlichen Toiletten, sondern sehr viel häufiger in Privatwohnungen aufgefunden. Bei Leichenfunden in öffentlich zugänglichen Bereichen sollte das Augenmerk auch immer darauf gerichtet werden, ob der Leichnam möglicherweise dort abgelegt wurde, was nicht so selten vorkommt (sog. Leichen-Dumping, vgl. Abb. 5.**1 a, b**). Hinweise können die Lage der Totenflecken, die Körperhaltung sowie Schleifspuren am Körper und in der Umgebung sein.

Monointoxikationen etwa durch Heroin sind heutzutage eher selten. Meist handelt es sich um Mischintoxikationen durch Opiate, andere Drogen, Alkohol, Benzodiazepine, Amphetamine und Medikamente.

Reine **Medikamentenvergiftungen** kommen in aller Regel in suizidaler Absicht vor. Am häufigsten werden Psychopharmaka verwendet, aber auch herzwirksame Medikamente oder Insulin werden immer wieder zu Suizidzwecken eingesetzt.

14.5 Kohlenmonoxid

Kohlenmonoxid (CO) ist ein farb- und geruchloses Gas, das leichter ist als Luft und bei der Verbrennung von organischem Material entsteht. Es hat eine etwa 250-fach höhere Affinität, an den roten Blutfarbstoff Hämoglobin (Hb) zu binden, als Sauerstoff. Bereits eine Raumluftkonzentration von mehr als 0,1 Vol.-% kann tödlich sein. Raucher können eine CO-Hb-Konzentration von 6% im Blut aufweisen. Werte von mehr als 10% gelten als Zeichen einer Intoxikation, wobei beim gesunden Erwachsenen Werte über 50% als tödlich gelten. Ab etwa 20% sind erste Vergiftungssymptome zu erwarten (Kopfschmerzen, Müdigkeit, Schwindel), ab etwa 30% kommen Lethargie und Bewusstseinsstörungen hinzu.

Der wichtigste Hinweis auf eine tödliche Kohlenmonoxidvergiftung bei der Leichenschau sind die hellroten Totenflecken. Im Gegensatz zur postmortalen Hellrotverfärbung bei Kälteexposition sind die Totenflecken bei CO-Intoxikation auch unter den Finger- und Zehennägeln, an den Handflächen und Fußsohlen hellrot. Eine Zonierung der Totenflecken mit hellroten und lividen Anteilen wie bei der Kälteexposition kommt nicht vor. Außerdem wirken die Mundschleimhäute „lebendfrisch".

Die Möglichkeit einer CO-Intoxikation sollte auch dann in Betracht gezogen werden, wenn eine CO-Quelle nicht offensichtlich ist. So kann beispielsweise ein Gartengrill, der mit noch glühenden Holzkohlen ins Haus geholt wurde, vom Leichenfinder beiseite geräumt worden sein.

14.6 Kohlendioxid

Die Toxizität des geruch- und geschmacklosen Gases Kohlendioxid (CO_2) ist relativ gering, da es schwerer ist als Luft, kann es sich jedoch in Bodenvertiefungen, Schächten, Brunnen, Gärkellern oder Silos anreichern. Bei Konzentrationen von mehr als 8 % kommt es zu Hyperventilation, Kopfschmerzen und Schwindel. Bei mehr als 10 % treten Atemlähmung, Krämpfe und dann der Tod ein.

Die Befunde bei der Leichenschau sind unspezifisch. Die Totenflecken können intensiv sein, möglicherweise findet sich ein rötlich gefärbter Schaumpilz vor den Atemöffnungen als Zeichen eines hämorrhagischen Lungenödems.

14.7 Zyanide

Zyanide und Blausäure werden in der Edelmetallindustrie und zur Oberflächenhärtung bei der Metallverarbeitung eingesetzt. Weiterhin werden Zyanide bei Bränden von Kunststoffen freigesetzt. Die Substanzen sind äußerst toxisch und werden schnell resorbiert. Bei oraler Aufnahme sind 1–2 mg HCN/kg Körpermasse tödlich. Zyanide blockieren die Zellatmung durch Bindung an die Cytochromoxidase.

Typisch ist der Bittermandelgeruch, der sowohl am Gift selbst als auch an Intoxikierten wahrgenommen werden kann, sofern der Untersucher für diesen Geruch empfindlich ist (genetisch veranlagt). Bei der Leichenschau können hellrote Totenflecken auffallen, die jedoch meistens nicht so deutlich ausgeprägt sind wie bei der CO-Intoxikation.

14.8 Ätzmittel

Ätzmittel werden eingeteilt in Säuren und Laugen. Typische Säuren sind Salzsäure (HCl), Schwefelsäure (H_2SO_4), Salpetersäure (HNO_3) oder organische

Säuren wie zum Beispiel die Essigsäure. Typische Laugen sind die Natronlauge (NaOH) oder das Kaliumhydroxid (KOH). Säuren wie Laugen zerstören das Gewebe, wobei Säuren Koagulationsnekrosen und Laugen Kolliquationsnekrosen verursachen. Letztere sind gefährlicher, da sie sich nicht selbst begrenzen. Ätzmittel können sowohl akzidentell als auch suizidal eingenommen werden. Eine Fremdbeibringung kommt auch im Rahmen von Kindesmisshandlungen vor.

Bei der Leichenschau fallen meist schon Ätzspuren am Mund auf. Wenn erbrochen wurde, dann finden sich auch entsprechende Verätzungen an den Atemöffnungen und Vertrocknungen des Gesichts an den Stellen, an denen die Haut Kontakt mit dem Mittel hatte.

14.9 Asservation

Sowohl bei überlebten als auch bei tödlichen Intoxikationen bzw. bei entsprechendem Verdacht sollte daran gedacht werden, Trinkbehältnisse mit Inhalt oder Anhaftungen für toxikologische Untersuchungen zu asservieren. Auch eine Probe von Erbrochenem kann asserviert werden. Hierfür bieten sich verschraubbare Kunststoffgefäße an. Eine Blutprobe (Serum) sowie eine Urinprobe können ebenfalls erhoben werden. Dies ist bei Todesfällen, die zur gerichtlichen Obduktion kommen, jedoch nicht unbedingt notwendig, da im Rahmen der Leichenöffnung ohnehin Körperflüssigkeiten für toxikologische Untersuchungen einbehalten werden und in der Zwischenzeit kein weiterer Abbau stattfindet.

15 Der plötzliche Kindstod (SIDS)

Kasuistik

Sie werden gegen 7.45 Uhr unter dem Einsatzstichwort „bewusstloses Kind“ in einen Wohnblock gerufen. Die panisch wirkende Mutter empfängt Sie an der Wohnungstür und berichtet, dass der 6 Monate alte Sohn nicht aufwachen will. Der in der Wiege liegende Säugling ist eindeutig tonuslos, es lässt sich weder Atmung noch Puls feststellen. Während das restliche Rettungsteam das Material für eine Reanimation richtet, schauen Sie sich den leblosen Körper noch einmal genau an: Neben einer Verkrustung am linken Mundwinkel mit einer kleinen Abrinnspur einer bräunlich erscheinenden Flüssigkeit fallen Ihnen deutliche Leichenflecken im Taillenbereich am Übergang zur Rückenpartie auf. Sie sind nicht sicher, ob nicht auch bereits eine beginnende Ausbildung der Leichenstarre vorliegt. Nach einem kurzen Blickwechsel mit Ihrem Team entscheiden Sie sich, von Reanimationsversuchen abzusehen. Die Überbringung der Todesnachricht an die fassungslose Mutter fällt sehr schwer. Sie bieten ihr an, den Kindsvater zu verständigen und ihn zu bitten, von der Arbeitsstelle nach Hause zu kommen. Außerdem wird der Notfallnachsorgedienst zur psychischen Betreuung alarmiert. Beim Hinweis an die Mutter, dass auch die Polizei in die Wohnung kommen wird, schreit sie Sie an, sie hätte ihr Kind doch nicht umgebracht und sie wolle in Ruhe gelassen werden. Erst nach einem längeren Gespräch mit der Mutter und unterstützt durch rasch eintreffende sowie verständnisvolle Polizeibeamte können Sie der Mutter verständlich machen, dass die folgenden Untersuchungen einschließlich einer Obduktion nicht als Verdachtsäußerung auf ein Tötungsdelikt, sondern eher einer objektiven Ursachenklärung und auch der besseren Verarbeitung dieses Schicksalsschlags dienen sollen.

Die Polizeibeamten fragen Sie, ob Sie ein Statement zur Abrinnspur am Mund des verstorbenen Säuglings machen können und ob es konkrete Hinweise auf einen plötzlichen Kindstod geben würde.

Etwas verunsichert über das weitere Procedere bitten Sie die Polizei um die Kontaktaufnahme mit dem zuständigen Rechtsmedizinischen Institut zur Klärung des weiteren Vorgehens.

15.1 Einleitung

Der plötzliche Kindstod gehört zu den am meisten angstbesetzten Einsatzanlässen von Notärzten und Rettungsdienstpersonal. Dabei steht nicht die medizinische Bewältigung der Einsatzsituation, sondern die Dramatik dieses schier nicht fassbaren Schicksalsschlages im Vordergrund.

Die rechtsmedizinische Obduktion des Kindes soll weit mehr als eine Aussage treffen, ob es Hinweise auf einen verschwiegenen gewaltsamen Tod gibt: Eine Obduktion kann den Eltern helfen, in ihrer langwierigen Trauerarbeit zu erkennen, dass dieses Schicksal nicht vermeidbar war und nichts falsch gemacht wurde. Zudem dient jede Sektion in einem solchen Fall der weiteren Erforschung dieser bisher nicht endgültig verstandenen Todesursache und kann einen wichtigen Beitrag zu Präventionsmaßnahmen leisten.

Neben dieser rationalen Erklärung für die Notwendigkeit einer Obduktion gibt es auch rein juristisch kaum Spielraum für den anwesenden Notarzt: Man kann bei einem so jungen Kind nicht von einem natürlichen Tod ausgehen, auch wenn es äußerlich keinen Hinweis auf eine Gewaltanwendung gibt. Die Feststellung der Todesursache ist allein durch die äußere Leichenschau nicht möglich. Somit ist die Todesart als „unbekannt" anzugeben und die Polizei zu informieren. Dies ist manchmal den betroffenen und schockierten Eltern nicht leicht zu vermitteln und bedarf suffizienter eigener Vorkenntnisse über diese Entität des plötzlichen Todeseintritts, weshalb dem plötzlichen Kindstod in diesem Buch ein eigenes Kapitel gewidmet ist. Der den Tod feststellende Notarzt, dies sei noch einmal betont, soll keine weiterführenden Ermittlungen oder Vermutungen anstellen. Wichtig ist es allein, die Polizei hinzuzuziehen und eine Obduktion anzuraten. Die anwesenden Angehörigen sind in der Regel rationalen Erklärungen in dieser tragischen Situation nicht zugänglich, trotzdem ist es für jeden Notfallmediziner wichtig, fundierte Vorkenntnisse zu haben, nicht zuletzt auch, um selbst einen solchen Einsatz verarbeiten zu können.

15.2 Theoretischer Hintergrund

Definition

Für diese Entität des unerwarteten Todes im frühen Kindesalter werden unterschiedliche Bezeichnungen verwendet:

- Sudden Infant Death (SID)
- Sudden Infant Death Syndrome (SIDS)
- Cot Death
- Krippentod

- plötzlicher Kindstod (PKT)
- plötzlicher Säuglingstod
- Sudden Unexpected Death in Infancy (SUDI)

Die Begriffe bedeuten alle, dass es sich um den plötzlichen und unerwarteten Tod eines scheinbar gesunden Säuglings zwischen dem 8. und 365. Lebenstag handelt, bei dem trotz Obduktion, histologischer, toxikologischer und mikrobiologischer Untersuchungen sowie Analyse der Auffindesituation und Auswertung der klinischen Anamnese keine Todesursache feststellbar ist.

Es handelt sich also um eine Ausschlussdiagnose, die erst dann gestellt werden kann, wenn trotz umfangreicher Untersuchungen die Todesursache nicht nachzuweisen ist. Zwar gibt es auch entsprechende Todesfälle in der Neugeborenenzeit oder jenseits des 1. Lebensjahrs, der Begriff des „plötzlichen Kindstodes“ ist aber für die obige Definition reserviert.

Epidemiologie

In Deutschland (2007) kommt es laut statistischem Bundesamt mit einer Häufigkeit von ca. 0,33 Fällen/1000 Lebendgeburten zu einem plötzlichen Kindstod; zum Vergleich liegt die Säuglingssterblichkeit insgesamt (Fehlbildungen, Frühgeburten etc.) bei 3,88/1000 Lebendgeborenen. Dennoch hat der SIDS einen deutlich höheren prozentualen Anteil an der postneonatalen Mortalität (7. Lebenstag bis Vollendung des 1. Lebensjahres) und ist in diesem Zeitraum eine der häufigsten Todesursachen. 2007 verstarben in Deutschland laut Statistischen Bundesamt 2565 Säuglinge, wovon 228 als plötzlicher Kindstod klassifiziert (ICD 10: R 95) wurden, was jedoch tatsächlich noch keinen verlässlichen Rückschluss auf die wahre Häufigkeit zulässt, da es sich nicht zwingend um autoptisch festgestellte Todesursachen handelt.

Ätiologie

Bis zum heutigen Tage ist die Ätiologie des plötzlichen Kindstodes nicht bekannt. Es existieren zwar zahlreiche Hypothesen, die jedoch nicht alle Fälle erklären können. Am wahrscheinlichten ist von einer multifaktoriellen Genese mit der gleichen klinisch-pathologischen Endstrecke auszugehen. Oft finden sich in der Anamnese bzw. bei der Obduktion Hinweise auf einen Infekt der oberen Atemwege, der allerdings selten so stark ausgeprägt ist, dass er todeswürdig wäre. Jedoch könnte dem Infekt eine gewisse Triggerfunktion zukommen.

Risikofaktoren

Es werden mehrere Altersgipfel verzeichnet, hauptsächlich um den 2.–4. sowie um den 6. Lebensmonat, ein weiterer kleiner Gipfel zeigt sich um den 10. Monat. Es besteht eine saisonale Häufung in den Wintermonaten (66%), Jungen sind häufiger betroffen als Mädchen (60:40). Tageszeitlich gibt es während der Nachtstunden eine Häufung, zumal der Tod meistens im Schlaf eintritt und dann am Morgen bemerkt wird.

Im Rahmen mehrerer Studien konnten Risikofaktoren für das Auftreten eines SIDS identifiziert werden. Als die Wesentlichen sind zu nennen:
- Bauchlage im Schlaf
- Alter der Mutter <30 Jahre
- alleinstehende Mutter
- komplette Überdeckung
- Rauchen in der Schwangerschaft und in Gegenwart des Kindes
- schwacher sozioökonomischer Status der Familie
- >3 vorangegangene Lebendgeburten
- niedriges Geburtsgewicht
- Frühgeburtlichkeit
- Nicht-Stillen
- Co-Sleeping (Schlafen im Elternbett)
- Überwärmung

Daraus ergeben sich einige Empfehlungen für **Präventionsmaßnahmen**, die das Risiko für das Auftreten eines plötzlichen Säuglingstodes drastisch reduzieren, ohne dass die kausalen Zusammenhänge verstanden wären:
- Schlafen in Rückenlage
- Raumtemperatur 16–18 °C
- kein Tabakkonsum in der Schwangerschaft und in Anwesenheit des Kindes
- Stillen für mindestens 6 Monate
- eigenes Bettchen im Elternschlafzimmer
- Verwendung eines Schlafsacks
- Verwendung eines Schnullers

15.3 Rechtsmedizinische Untersuchungen bei SIDS

Warum Obduktion?

Wie in der Einleitung erwähnt, kann man in nur sehr wenigen Fällen (vorbekannte Erkrankung mit infauster Prognose) bei einem Todesfall im Säuglingsalter von einer natürlichen Todesart ausgehen. Von daher sind grundsätzlich nach der Todesfeststellung mit Angabe einer ungeklärten oder unnatürlichen Todesart die Ermittlungsbehörden zu verständigen, die wiederum in den meisten Fällen eine gerichtliche Obduktion zur Klärung der Todesursache anordnen werden. Nicht zuletzt dient diese Maßnahme auch der Entlastung der Eltern (seien es Selbstvorwürfe oder Verdachtsäußerungen durch Dritte) und somit der Entkriminalisierung bzw. als Basis der Schuldentlastung. Weiterhin dienen Obduktionen der Erforschung des plötzlichen Säuglingstodes.

In zeitlichem Abstand haben auch die Eltern selbst nicht selten ein Informations- und Beratungsbedürfnis (gerade in Bezug auf das Risiko bei einem weiteren Kind). Nur wenn zeitnah nach Todeseintritt eine adäquate Untersuchung stattgefunden hat, kann dann eine suffiziente Informationsweitergabe erfolgen.

Nicht unerwähnt darf natürlich bleiben, dass auch Säuglinge ohne äußere Verletzungszeichen eines gewaltsamen Todes gestorben sein können. Ein etwaiger Unfalltod oder ein Gewaltverbrechen muss ausgeschlossen werden, was ohne Obduktion, histologische sowie toxikologische Untersuchungen nicht möglich ist. Durch eine rechtsmedizinische Obduktion bei plötzlichen und unerwarteten Todesfällen im Säuglingsalter lässt sich in ca. 15–20% der Fälle eine Todesursache feststellen. Davon entfallen 60% auf eine natürliche Todesart aufgrund einer Infektion, einer Fehlbildung o. ä., in 15% der Fälle lässt sich eine Tötung nachweisen und in den restlichen 25% liegt eine Misshandlung mit Todesfolge vor. 25% als Misshandlungsfolge erscheinen auf den ersten Blick viel, umgerechnet auf die Gesamtzahl der Todesfälle im Säuglingsalter liegt aber lediglich in 2,7% der Todesfälle ein Gewaltverbrechen vor.

Häufige Befunde bei der Leichenschau

Bei der Leichenschau fallen nicht selten besondere Befunde auf. Sie können jedoch keine bestimmte Todesursache beweisen oder ausschließen. Folgende Auffälligkeiten wurden häufig dokumentiert:

- Bekleidung und Bettzeug feucht (35% der Fälle)
- erhöhte Körpertemperatur (bei kurz vorher eingetretenem Tod oder aufgrund guter Wärmeisolierung durch eine dicke Decke o. ä.)
- Totenflecken an der Körpervorderseite als Hinweis auf eine Bauchlage, auch wenn das Kind in Rückenlage durch den Rettungsdienst vorgefunden wurde
- Erbrochenes (25% der Fälle)
- Eintrocknungen der Gesichtshaut nach Einwirkung von Mageninhalt (Abb. 15.**1** und Abb. 15.**2**)
- evtl. vergrößerte zervikale Lymphknoten infolge eines Atemwegsinfekts
- evtl. Petechien der Lid- und Bindehäute

Der den Tod feststellende Arzt soll und darf keine polizeiliche Ermittlungsarbeit leisten oder nicht beweisbare Vermutungen über die Todesursache anstellen. Es gilt vielmehr, sich die Auffindesituation für etwaige spätere Nachfragen gut einzuprägen bzw. die bemerkten Auffälligkeiten adäquat zu dokumentieren.

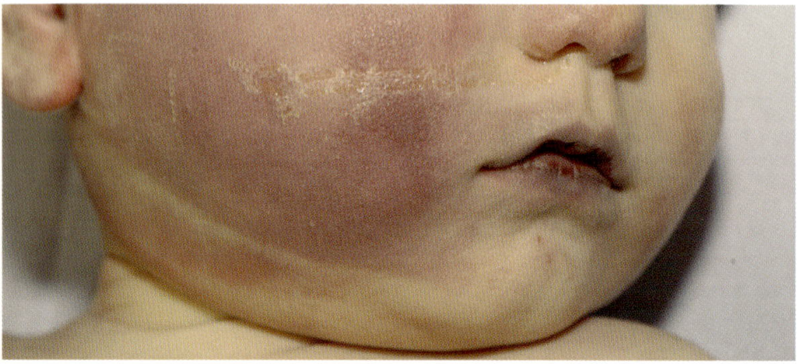

Abb. 15.**1** Abrinnspur von Flüssigkeit aus den Nasenöffnungen und beginnende Vertrocknung des Lippenrots bei plötzlichem Kindstod.

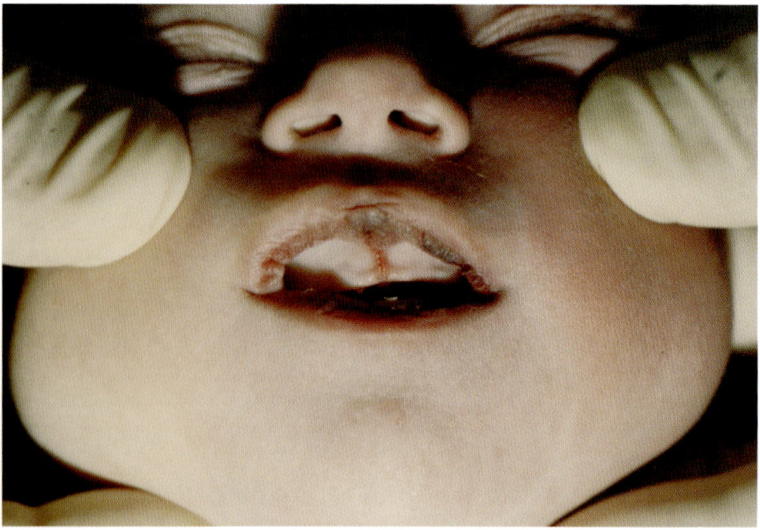

Abb. 15.**2** Postmortaler Artefakt bei SIDS: Vertrocknung des Lippenrots und des oberen Lippenbändchens.

Häufige Befunde bei der Obduktion

Häufige Befunde bei der Obduktion sind:
- petechiale Unterblutungen von Thymuskapsel, Epikard, Pleura visceralis und parietalis (in 90% der Fälle) (cave: gleiches Bild wie bei mechanischem Ersticken!)
- herdförmiges oder diffuses Lungenödem, manchmal hämorrhagisch
- feinblasiger Schaum in den Atemwegen
- blutreiche Dystelektasen neben anämischen, eher emphysematischen Lungenarealen
- blutarme Milz
- leere Harnblase
- milder Atemwegsinfekt

Klinische Anamnese

Für die Klärung der Todesursache und die weitere Klärung der Ätiologie des SIDS ist es wichtig, eine klinische Anamnese zu erheben. Da die Eltern verständlicherweise kurz nach dem Auffinden des leblosen Kindes nicht in der Lage sind, adäquat Auskunft über die Vorgeschichte zu geben, müssen diese Fakten im zeitlichen Verlauf von einem erfahrenen und pietätvollen Untersucher erhoben werden. Über folgende Bereiche gilt es sich einen Überblick zu verschaffen:
- Schwangerschaftsverlauf
- Geburtsverlauf
- kindliche Entwicklung
  - Längenwachstum
  - Gewichtszunahme
  - Impfungen
  - Erkrankungen
  - Lebensgewohnheiten
- Verhalten in den letzten 48 Stunden vor dem Tod

15.4 Weitere Informationsmöglichkeiten

Gerade weil die Ätiologie dieser Todesentität noch nicht endgültig geklärt ist und weiterhin ein hohes Informations- und Beratungsbedürfnis besteht, ist es notwendig, in regelmäßigen Abständen nach neuen Informationen zu suchen. Gibt man bei Google den Suchbegriff „plötzlicher Kindstod“ ein, erzielte dies im Dezember 2009 371 000 Treffer, wovon viele Quellen nicht fundiert, vertrauenswürdig oder schlichtweg falsch sind. Man sollte daher darauf achten, seine Informationen von etablierten Institutionen und Organisationen zu beziehen. Als Beispiele seien hier folgende Informationsquellen genannt:

- http://www.sids.de oder http://www.geps.de als Homepage der Gemeinsamen Elterninitiative plötzlicher Säuglingstod (GEPS) Deutschland e. V.
- http://www.schlafumgebung.de mit Informationen zu Präventionsmöglichkeiten
- http://sozialministerium.baden-wuerttemberg.de/ und dabei insbesondere der Flyer „Der plötzliche Säuglingstod" als pdf-Datei zum Download unter: http://sozialministerium.baden-wuerttemberg.de/fm7/1442/Pl%F6tzlicher%20S%E4uglingstod-09-int.pdf

16 Kindesmisshandlung

Kasuistik

Sie werden als NAW-Team in den Abendstunden in eine Reihenhaussiedlung mit der Einsatzmeldung „Verbrühung Kind" alarmiert. Die Wohnungstür wird von einem Mann geöffnet, der sich als Vater des betroffenen zweijährigen Kindes ausgibt. Auf dem Weg ins Badezimmer sagt er, dass er sich große Vorwürfe machen würde, da er das Kind versehentlich in die zu heiß eingelassene Badewanne gesetzt hätte. Der kleine Junge ist wach und ansprechbar, wirkt jedoch trotz der großen anzunehmenden Schmerzen sehr ruhig und zurückgezogen. Er betrachtet skeptisch das eintreffende Rettungsteam. Es finden sich ca. 30 % ein- bis zweitgradige Verbrühungen an beiden Beinen und am Rumpf bis etwa auf Höhe des Bauchnabels. Während eine intravenöse Schmerztherapie eingeleitet und die Wunden steril abgedeckt werden, fragen Sie den Vater nach Vorerkrankungen und dem Namen des betreuenden Kinderarztes. Er nennt Ihnen mehrere Krankenhäuser, in denen das Kind wegen Unfallverletzungen behandelt worden sei. Einen festen niedergelassenen Kinderarzt hätte man nicht, man würde im Bedarfsfall immer den nächst erreichbaren Kinderarzt aufsuchen. Sie teilen dem Vater mit, dass das Kind stationär in der Kinderklinik behandelt werden muss, was zunächst auf Missmut, dann auf neutrale Zustimmung stößt. Auf Nachfrage hin erfahren Sie, dass sich die Mutter um die beiden bereits schlafenden anderen Geschwister im Alter von 4 Jahren und 3 Monaten kümmern würde.

Sie sind sich nicht sicher, ob es sich tatsächlich um einen Unfall oder um eine mutwillige Verbrühung des kleinen Jungen handelt. Überlässt man die Klärung des Sachverhalts dem aufnehmenden Kinderarzt, ist die Polizei zu informieren oder sollte man den Vater oder sogar das Kind auf den Verdacht ansprechen? Verunsichert entscheiden Sie sich auf die reine notfallmedizinische Behandlung vor Ort und den raschen Transport in die Kinderklinik. Dort sprechen Sie den aufnehmenden Kinderarzt auf Ihren Verdacht an. Etwas irritiert entgegnet dieser Ihnen, Sie müssten sich darum kümmern wenn Sie einen Verdacht hätten, er würde die Eltern nicht beschuldigen, ohne die häusliche Situation gesehen zu haben. Er könne nur sagen, dass das Kind bereits dreimal ambulant wegen Prellungen und einer Unterschenkelfraktur behandelt worden sei. Auf erneute Bitte hin sagt der Kinderarzt zu, eine weiterführende Klärung einzuleiten. Sie machen sich genaue Notizen über die gemachten Beobachtungen und Eindrücke am Einsatzort, da Sie sich auf eine Befragung durch die Polizei gefasst machen. Unbefriedigt ob der vielen offenen Fragen verlassen Sie die Kinderklinik.

16.1 Einleitung

Das Thema Kindesmisshandlung ist ein sehr sensibler Bereich. Als professioneller Helfer will man alle einem bekannt werdende Fälle zur Aufklärung und somit zur Bestrafung bringen. Jeder Erwachsene hat für Kinder ein besonderes Verantwortungsgefühl und Kinder gelten als allgemein schutzbedürftig und wehrlos. Berichte über Kindesmisshandlungen machen sprachlos und führen nicht selten die eigene Machtlosigkeit vor Augen. Auf der anderen Seite besteht die große Gefahr einer nicht zu unterschätzenden Schädigung durch eine unberechtigte oder an falscher Stelle vorgebrachte Verdächtigung. Man muss sich der weitreichenden Konsequenzen bewusst sein, die eine Ermittlung in einem solchen Bereich mit sich bringt: Die Tatverdächtigen werden vermutlich nie wieder professionelle Hilfe bei einer etwaigen Wiederholung in Anspruch nehmen, es drohen schwere strafrechtliche Konsequenzen, Familien können zerbrechen und die Arbeitsstelle geht bei einer Verdächtigung nicht selten verloren. Wird eine dementsprechende Ermittlung publik, so ist das soziale Gefüge am Wohnort, im Freundeskreis und der Familie nicht selten unwiederbringlich gestört – nicht selten ist dann von Rufmord die Rede. Für das betroffene Kind haben die juristischen Konsequenzen, zusätzlich zur erlittenen Straftat, ebenfalls Folgen. Da der Täter zumeist aus dem nahen persönlichen Umfeld des Kindes kommt, wird das Kind aus diesem sozialen Gefüge herausgenommen und verliert somit trotz des erlittenen Schadens seine Bezugspersonen.

Die Entscheidung, wo eine Kindesmisshandlung anfängt, obliegt nicht dem Rettungsdienst, sondern darf getrost den Gerichten überlassen werden. Der Notfallmedizin obliegt vielmehr eine nicht minder wichtige deskriptive Aufgabenstellung.

Besonnenes Handeln und profunde Vorkenntnisse des Rettungsteams können dazu beitragen, dass Misshandlungsfälle aufgedeckt werden; auf der anderen Seite werden dadurch unschuldig Verdächtigte vor unberechtigten Konsequenzen bewahrt.

16.2 Formen des Kindesmissbrauchs

Man unterscheidet folgende Arten des Kindesmissbrauchs, die in der Notfallmedizin Tätige unterschiedlich stark tangieren. Da häufig die englischsprachige Terminologie verwendet wird, werden die entsprechenden Bezeichnungen in Klammern angeführt:

- seelischer Missbrauch (emotional abuse)
- Vernachlässigung (neglect)
- körperliche Misshandlungen (child abuse)
- sexueller Missbrauch (sexual child abuse)
- Münchhausen-Stellvertreter-Syndrom (Munchausen-by-proxy-syndrome)

Ein Kind kann auch Opfer mehrerer Missbrauchsarten werden, trotzdem werden alle Formen der besseren Abgrenzung und ihrer Besonderheiten wegen im Folgenden separat dargestellt.

Seelischer Missbrauch

Seelischer Missbrauch von Kindern ist auch im deutschsprachigen Raum nicht selten. Dennoch gibt es kaum entsprechende Statistiken, da es keine einheitliche Definition oder Kriterien für diese Art des Missbrauchs gibt. Wo hört eine nicht besonders liebevolle bzw. autoritär-strenge Erziehung auf und wo fängt der seelische Missbrauch an? Dies führt zu einem fehlenden Problembewusstsein in der Gesellschaft. Oft werden die Missbrauchsfälle gar nicht erkannt oder treten erst im Jungendlichen- oder Erwachsenenalter etwa im Rahmen psychotherapeutischer Behandlungen zu Tage.

Beispiele für mögliche Formen des seelischen Missbrauchs und entsprechende Hinweise sind:

- **fehlende liebevolle Zuwendung:** Die Kinder wirken zurückgezogen und still. In Gegenwart der Eltern zeigt das Kind keine Vertrauenshaltung gegenüber den Eltern oder es buhlt um Zuneigung durch die Eltern (vielleicht ist es dadurch auch erst zum Rettungsdiensteinsatz gekommen).
- **Hinweise auf Freiheitsentzug:** keine kindgerechte Unterbringung (zum Beispiel in einem Verschlag).
- **Drohungen:** Das Kind zeigt Angst und berichtet auf Nachfrage von inadäquaten Konsequenzen bei Fehlverhalten.

Da eine seelische Misshandlung in der Regel nicht zu einem Rettungsdiensteinsatz führt, hat sie auch für Notfallmediziner keine besondere Relevanz, zumal man bei der kurzen Kontaktzeit zum Kind nicht viele Hinweise sammeln bzw. sie nicht adäquat bewerten kann.

Vernachlässigung

Bei der Vernachlässigung muss prinzipiell nicht zugleich auch ein seelischer Missbrauch vorliegen, trotzdem gibt es eine relativ große Rate an Koinzidenzen. Im Rahmen der Vernachlässigung wird dem Kind nicht die angemessene körperliche Pflege und Förderung zuteil. Dies kann beispielsweise die hygienischen Zustände der Unterbringung, die erweiterte Körperpflege oder die Ernährung betreffen. Zudem kann es durch mangelnde Aufsichtspflicht zu ansonsten vermeidbaren Problemen kommen. Trotzdem ist auch diese Form des Missbrauchs schlecht fassbar, da auch in optimalen Verhältnissen aufwachsende Kinder dem Rettungsdienst verdreckt und in zerrissenen Kleidern nach einem Abenteuerspiel im Wald mit unfallartiger Verletzungsfolge als Patient vorgestellt werden können.

Dennoch soll auf Verdachtsmomente hingewiesen werden, die vor allem bei gleichzeitigem Vorliegen eine genauere Überprüfung nach sich ziehen sollten:

- deutlich zu niedriges altersentsprechendes Gewicht
- infektiöse Hauterkrankungen infolge mangelnder Körperhygiene (nicht Windpocken!)
- extrem schlechter Zahnstatus
- verfilzte sowie auch ansonsten ungepflegte Haare
- extrem lange oder eingerissene Fuß- und Zehennägel
- jeder Hinweis auf eine Erkrankung aufgrund von Mangelernährung
- schlechte räumlich-materielle Zustände (man denke beispielsweise an Medienberichte über „Kinderzimmer“ in Verschlägen, Stallungen etc.), die nicht durch ein niedriges Einkommen der Eltern bedingt sein können.

Oftmals kommen Fälle von Vernachlässigung ans Tageslicht, weil bei der Erstellung der altersentsprechenden Perzentilenkurven auffällt, dass das Kind sich nicht erwartungsgemäß bezüglich Körpergröße und -gewicht entwickelt. Dies zu beurteilen, ist jedoch im Rahmen eines Notfalleinsatzes nicht möglich, da sowohl das Instrumentarium als auch die nötige Zeit dafür fehlt. Dennoch sollten die kleinen Patienten mit gleichaltrigen Kindern aus der eigenen Familie oder dem Bekanntenkreis verglichen werden. Bei groben Diskrepanzen ist nicht nur wegen des Verdachts auf Vernachlässigung, sondern auch begründet mit dem Verdacht auf eine Gedeihstörung eine stationäre Abklärung zu empfehlen.

Auch wenn bei der Vernachlässigung nicht aktiv körperliche oder psychische Gewalt angewendet wird, so kann es doch zu (teilweise lebenslang bestehenden) physischen oder psychischen Schäden kommen.

Körperlicher Missbrauch

Statistik

Laut der polizeilichen Kriminalstatistik wurden 2008 insgesamt 3426 Fälle von körperlichem Missbrauch im Kindesalter durch die Ermittlungsbehörden erfasst. Die Aufklärungsquote ist mit 97,8% sehr hoch, was daran liegt, dass in der Regel erst eine Anzeige erstattet wird, wenn ein Tatverdächtiger bekannt ist. Bedenkenswert ist, dass 43,1% der Tatverdächtigen weiblich sind. In der Regel (94,9%) ist der Täter über 21 Jahre alt. Insgesamt wurden 4102 kindliche Opfer körperlicher Gewalt bekannt (in einigen Ermittlungsfällen gab es mehrere Opfer, was die Differenz zur Fallzahl erklärt). Unter den Opfern ist das Geschlechterverhältnis nahezu ausgeglichen (56,6% männlich, 43,3% weiblich) – hier wird der Mädchenanteil oftmals unterschätzt.

Kriminalistische Aspekte

Kleinkinder (2.–4. Lebensjahr) sind besonders gefährdet, Opfer eines körperlichen Missbrauchs zu werden. Etwa 75% der Fälle betreffen Kinder vor Vollendung des 7. Lebensjahres. Wachsen mehrere Kinder gemeinsam in einer Familie auf, so ist dennoch nicht selten nur ein Kind betroffen. Die Täter kommen in der Regel aus dem näheren Umfeld der Kinder wie Eltern oder Stiefeltern. Zumeist besteht ein chronisch rezidivierender Verlauf, bei dem es jedoch durchaus zu Eskalationen kommen kann.

Formen des körperlichen Missbrauchs

Es lassen sich folgende Formen unterscheiden, auf die im Folgenden noch genauer eingegangen wird:

- stumpfe Gewalt
  - Schläge mit Hand, Faust oder Werkzeugen
  - Stoßen gegen Möbel oder Wände
  - Treten
- Beißen

- Fesseln
- Verbrennen/Verbrühen
- Unterkühlen
- Beinahe-Ersticken
- Vergiften
- Schütteln von Neugeborenen/Säuglingen und Kleinkindern

Stumpfe Gewalt. Sie wird zumeist mit der Hand bzw. Faust ausgeübt, es kann jedoch auch ein Werkzeug (zum Beispiel Gürtel, Seil, Stock) benutzt werden (Abb. 16.**1**). Kinder können auch gegen feststehende Gegenstände wie Möbel oder Wände oder aber die Treppe hinabgestoßen werden. Nicht zuletzt sind auch Trittverletzungen zu nennen. Differenzialdiagnostisch sind vor allem unfallbedingte Verletzungen in Erwägung zu ziehen. Entsprechende Hinweise können die anatomische Lokalisation und Verteilung sowie die genaue Ausprägung der sichtbaren Verletzungen geben.

Beißen. Bissverletzungen (Abb. 16.**2**) sind zwar meistens nicht vital bedrohlich, können jedoch sehr schmerzhaft sein und sind für das Opfer eine besondere Art der Demütigung. Bei offenen Wunden besteht eine große Infektions-

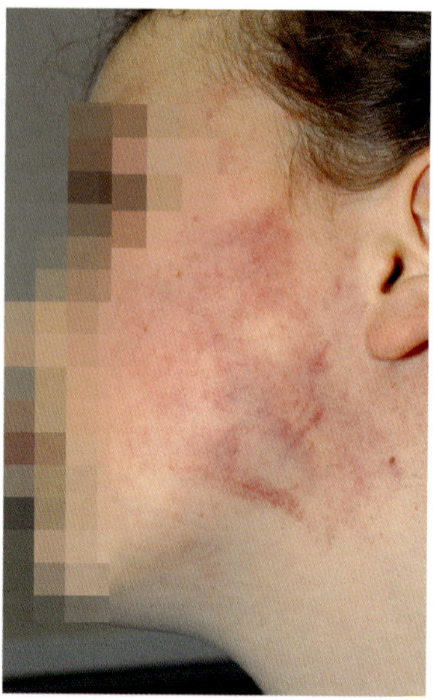

Abb. 16.**1** Zum Teil geformte Hauteinblutungen der linken Gesichtsseite nach mehrfachen Schlägen, zum Teil mit Gegenständen.

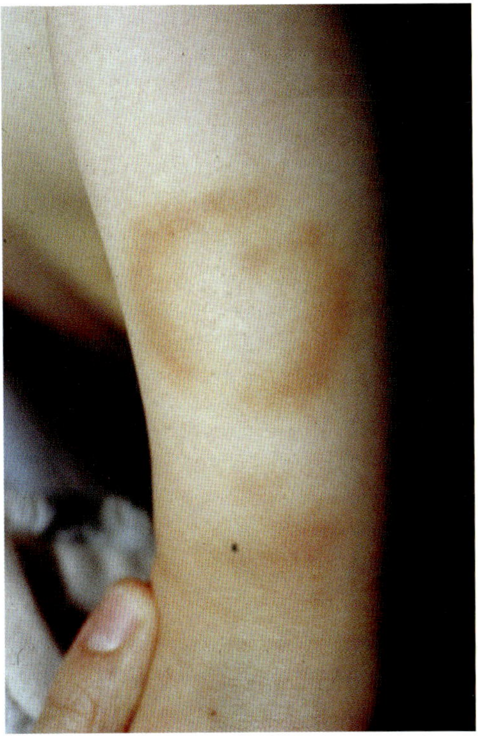

Abb. 16.**2** Bissspur am Oberarm.

gefahr. Bei der Inspektion einer vermeintlichen Bissverletzung ist vor allem auf etwaige Zahnabdrücke und bei offenen Wunden auf Substanzdefekte zu achten. Die Zahnabdrücke sind insbesondere dann von Interesse, wenn eine Bissverletzung durch ein Tier vorgegeben wird.

Fesseln. Kinder werden gefesselt, um sie entweder „ruhigzustellen" oder um sie direkt körperlich zu schädigen. Dabei kann es neben der eigentlichen Begrenzung der selbstbestimmten Beweglichkeit auch zu weiteren Schädigungen wie Einschränkungen der Atmung kommen. Körperliche Zeichen für eine stattgehabte Fesselung können fehlen bzw. sehr diskret ausgeprägt sein. Am ehesten bilden sich bandförmige Hämatome oder oberflächliche Schürfwunden. Bei Verwendung sehr dünner Materialien können auch tiefere, schnittartige Wunden entstehen. Auf die zirkuläre Ausprägung der Verletzungen ist zu achten.

Verbrennen/Verbrühen. Bezüglich der Bestimmung der Ausdehnung und Schwere einer Hitzeschädigung sei auf Kapitel 10.1.1 (S. 100 ff) verwiesen. Im Rahmen des Kindesmissbrauchs kommt es zumeist zu kleinflächigen Verbrennungen, beispielsweise durch Zigaretten, oder zum Übergießen mit heißen Flüssigkeiten. Die Lokalisation der Verbrennung und Hinweise auf eine Abwehrreaktion des Kindes sind hier besonders wichtig. Generell entstehen durch Hitzeeinwirkung lokale und in der Regel gut abgrenzbare Wunden.

Unterkühlen. Im Gegensatz zur Verbrennung/Verbrühung handelt es sich bei der Unterkühlung meist nicht um eine lokal begrenzte Schädigung. Kinder werden in kalte Umgebungsluft gesperrt oder es findet eine Immersion in kalte Flüssigkeiten statt. Die Einwirkungszeit bis zu einer nachweisbaren Schädigung ist deutlich länger als bei einer Hitzeeinwirkung. Bis auf die messbare Herabsetzung der Körpertemperatur kurze Zeit nach der Kälteeinwirkung lassen sich oft keine körperlichen Schäden nachweisen, was die Beweislast deutlich einschränkt. Es ist jedoch zu betonen, dass keine körperlichen Zeichen für den Tatbestand notwendig sind.

Beinahe-Ersticken. Die Intention hinter dieser Gewalteinwirkung kann vom Ziel des „Ruhigstellen“ eines schreienden Kindes bis zur Demütigung durch Machtbekundung reichen. Neben dem Zuhalten der Atemöffnungen oder Würgen finden auch Tatwerkzeuge wie Schnüre, Seile, Knebel, aber auch Kissen Verwendung. Problematisch bei der Verwendung von weichen Gegenständen sind die diskreten Verletzungen, was den Nachweis stark erschweren kann.

Vergiften. Auch hier kann der Täter das Ziel haben, das Kind ruhigzustellen, indem er ihm sedierende Substanzen verabreicht. Leider kann es auch zur bewussten Gesundheitsschädigung durch Medikamente, Chemikalien oder Pflanzenteilen kommen.

Schütteln von Neugeborenen/Säuglingen und Kleinkindern. Beim Schütteltrauma wird das Kind am Rumpf oder an den Oberarmen gefasst und in aufrechter Position mehrfach heftig vor- und zurückbewegt. Aufgrund der noch nicht kräftig ausgebildeten Hals- und Nackenmuskulatur können kleine Kinder ihren im Vergleich zum Erwachsenen überproportional großen Kopf nicht selbständig halten, schon gar nicht bei Schleuderbewegungen des Rumpfes. Es entsteht dabei ein Translationstrauma des Gehirns mit subduraler Blutung, diffuser axonaler Schädigung, Hirnödem und Netzhauteinblutung. Die Kinder sind schlaff, bewusstlos, zeigen Schnappatmung und können reanimationspflichtig sein. Bei bewusstlosen Kindern bis ins Kindergartenalter ist neben der Intoxikation immer an ein mögliches Schütteltrauma zu denken. In der Regel gibt es keine äußerlichen Zeichen der an sich schweren bis tödlichen Verletzungen – nur manchmal zeigen sich Griffspuren an den Oberarmen oder am Rumpf. Zur Diagnosestellung sind radiologischen Untersuchungen des Kopfes (MRT, CT mit Kontrastmitteln zur Darstellung des Hirnödems und der Subduralblutung) sowie des Brustkorbs (Rippenfrakturen, vor allem dorsal lokalisiert) angezeigt. Etwa ein Viertel der betroffenen Kinder verstirbt und von den Überlebenden zeigen rund 75% bleibende Schäden.

Verdachtsmomente

Selbstverständlich lassen sich hier keine verbindlichen Hinweise oder Handlungsanweisungen geben, bei welchen prinzipiell möglichen Zeichen einer körperlichen Gewaltanwendung eine weiterführende Abklärung bzw. Hinzuziehung der Polizei erfolgen sollte. Dennoch lassen sich Sachverhalte identifizieren, die selbst bei einer kurzen Kontaktzeit wie einem Rettungsdiensteinsatz Hinweise auf einen körperlichen Missbrauch darstellen, auch wenn er damit noch längst nicht bewiesen ist:

- fehlende, vage, unklare bzw. wechselnde Erklärungen zum Unfallhergang
- (schwere) Verletzungen, angeblich durch Geschwisterkinder zugefügt (Verletzungen durch Geschwister kommen häufig vor, jedoch sind sie zumeist im Vergleich zur Gewaltanwendung durch Erwachsene nicht schwerwiegend)
- für Alter/Entwicklungszustand inadäquater Unfallmechanismus
- verzögerte Inanspruchnahme ärztlicher Hilfe (gestern hat sich das Kind verletzt, aber der Rettungsdienst wird erst jetzt verständigt)
- Entdeckung zusätzlicher Verletzungen (evtl. unterschiedlichen Alters) bei der körperlichen Untersuchung
- wiederholte Verletzungen mit gehäuftem Arztwechsel
- Hinweise von Dritten oder vom Kind selbst
- Lokalisation: Verdächtig auf Misshandlungen sind Verletzungen an Wangen, Ohren, Rücken, Gesäß, Rückseite der Beine (Abb. 16.**3**). Unverdächtig sind Verletzungen über den Kniegelenken, an den Ellbogen und an der Vorderseite der Unterschenkel. Hochgradig verdächtig auf eine Misshandlung sind socken- bzw. handschuhartige Verbrennungen.

Zudem sollte man sich immer folgende Frage stellen: Kann sich das Kind aufgrund seiner motorischen Fähigkeiten die Verletzungen selber zugefügt haben?

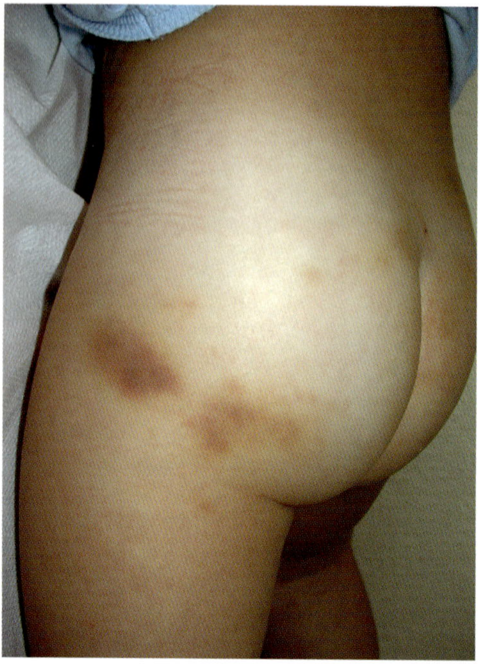

Abb. 16.3 Hämatome infolge von Schlägen auf das Gesäß.

Sexueller Missbrauch

Statistik

Die polizeiliche Kriminalstatistik 2008 verzeichnet 12052 Fälle sexuellen Missbrauchs im Kindesalter. Man beachte dabei, dass dies mehr als dreimal so viele Fälle wie beim körperlichen Missbrauch sind. Dies sagt jedoch nichts über die Häufigkeitsverteilung der jeweiligen Straftaten aus, sondern es ist ein Ausdruck dessen, dass sexuelle Übergriffe möglicherweise schneller zur Anzeige gebracht werden als körperliche Misshandlungen. 82,1% der zur Anzeige gebrachten Sexualdelikte im Kindesalter konnten 2008 aufgeklärt werden. Von den 8927 Tätern waren 96,1% männlich. Mädchen hatten einen Anteil von 75,3% an den 15089 Opfern. Die Täter kamen zu ca. 60% aus der eigenen Familie bzw. bei ca. 90% aus dem nahen persönlichen Umfeld. Nur in unter 10% der Fälle kannten sich Kind und Täter nicht vor der Straftat.

Die oben genannten statistischen Erhebungen der Ermittlungsbehörden dürfen nicht darüber hinwegtäuschen, dass die Dunkelziffer sehr viel höher liegt. Unter anderem gab es dazu 1996 eine Erhebung von Halperin in Genf, bei der 568 Mädchen und 546 Jungen im Alter von 14–15 Jahren befragt wurden: 10,9% der Knaben und 34% der Mädchen gaben an, in ihrem bisherigen Leben mindestens einmal sexuell missbraucht worden zu sein. Ebenso kommt in der Statistik des Bundeskriminalamts nicht zum Ausdruck, dass in einem hohen Prozentsatz der Fälle es nicht bei einem einmaligen sexuellen Übergriff bleibt, sondern es sich oft um einen jahrelangen Verlauf mit der Möglichkeit einer Eskalation handelt.

Als Notfallmediziner sollte man sich vergegenwärtigen, dass der Rettungsdienst nur zu einem Bruchteil der Sexualdelikte im Kindesalter hinzugezogen wird.

Sichtbare Folgen/Probleme des Nachweises

Nur in sehr seltenen Fällen ist ein Sexualdelikt bei Kindern durch eine körperliche Untersuchung beweisbar, da es in 50% der Fälle keine körperlichen oder psychischen Symptome gibt. Ebenso gibt es kein spezifisches Missbrauchssyndrom. Etwaige körperliche Befunde sind nur in Zusammenhang mit der Aussage des Kindes zu bewerten.

Bei vielen Handlungen kommt es zu keinen sichtbaren Hinweisen auf einen sexuellen Missbrauch; als Beispiele seien angeführt:

- sexuelle Handlungen ohne Penetration
  - Berühren der Genitalien
  - Betrachten der Genitalien
  - Einführen dünner Gegenstände wie beispielsweise der Finger
- Vornehmen lassen sexueller Handlungen durch das Kind
- Vorführen von pornografischen Filmen

Folgende physische Folgen von sexuellen Übergriffen können erkennbar sein:

- Verletzungen im genitalen, analen und/oder oralen Bereich sowie evtl. an anderen Körperteilen
- Biss-Saug-Verletzungen
- Fremdkörper in der Harnröhre, Blase, Vagina oder im After

Die Verletzungen können sehr diskret sein oder sogar fehlen.

> Verletzungen heilen bei Kindern sehr rasch ab, daher ist eine frühe Dokumentation und Attestierung wichtig.

Diagnostik

Abgesehen bei einer vitalen Gefährdung des Opfers haben eine Untersuchung und Befragung des Kindes nur in einer adäquaten Umgebung, durch erfahrenes Personal (beiderlei Geschlechts) sowie bei entsprechender Ausrüstung zu erfolgen und liegen somit eindeutig nicht im Zuständigkeitsbereich des Rettungsdienstes. Es ist ein Maximum an Pietät und Empathie zu gewährleisten. Das Kind muss dazu gebracht werden, eine Ganzkörperinspektion einschließlich des Anogenitalbereichs zu erdulden. Kleidungsstücke, Windeln etc. sind zur weiteren Spurensuche zu asservieren. Abstriche zur spurenkundlichen Analyse sind so früh wie möglich, zumindest innerhalb von 72 Stunden anzufertigen. Eine gynäkologische sowie rektale Untersuchung sind unabdingbar (cave: Fremdkörper), bei weiblichen Teenagern ist an einen Schwangerschaftstest zu denken. Bei sichtbaren Verletzungsspuren hat eine Fotodokumentation zu erfolgen.

Auch die Befragung setzt einen erfahrenen Untersucher voraus, der eine sorgfältige Anamneseerhebung mit altersadaptierten offenen Fragen durchführen muss. Dia Anamnese muss exakt, wenn möglich wortgetreu dokumentiert werden (Wer hat wie gefragt, wie hat das Kind geantwortet?). Eine suggestive Befragung ist unbedingt zu vermeiden. Spontane Beschuldigungen sind primär ernst zu nehmen, denn konkrete Fehlbeschuldigungen sind selten. Wiederholte Befragungen sind zu vermeiden.

Münchhausen-Stellvertreter-Syndrom

Das Münchhausen-Stellvertreter-Syndrom ist ein Sonderfall der Kindesmisshandlung. Dabei wird von Dritten (zumeist den Eltern und überwiegend durch die Mütter) durch körperliche Manipulation eine Krankheit des Kindes vorgetäuscht. Dabei kann es sich beispielsweise um Medikamentengaben wie Diuretika oder Laxanzien handeln, oder es werden vorbestehende Wunden so manipuliert, dass sie schlecht heilen. Die Intention zur Tat ist zumeist ein erhoffter sekundärer Krankheitsgewinn für den Täter durch erhöhte Zuneigung und Aufmerksamkeit durch Dritte – entweder im näheren persönlichen Umfeld oder als Art des Hilferufes an öffentliche Stellen bei Überforderung mit der Kinderbetreuung.

Ein Münchhausen-Stellvertreter-Syndrom wird selten bekannt bzw. zweifelsfrei nachgewiesen, dennoch muss vermutet werden, dass diese Misshandlungsentität keine Rarität ist.

16.3 Weitere Informationsmöglichkeiten

Auch bezüglich des Kindesmissbrauchs hat das Internet eine Unzahl von Seiten mit einer Unmenge an mehr oder weniger brauchbaren Informationen zu bieten.

Neben der Internetpräsenz des Bundeskriminalamts (www.bka.de) sei vor allem an Opferverbände wie den Weißen Ring verwiesen. Ebenso ist bei Bedarf eine Kontaktaufnahme zu Beratungsstellen der Sozialorganisationen oder Kirchen zu empfehlen. Für den Arzt ist es sehr hilfreich, vor dem Kontakt mit einem vermeintlich betroffenen Kind die regionalen Hilfsangebote geprüft und kennen gelernt zu haben, um im Bedarfsfall schnell und adäquat handeln zu können. Generell sei nochmals darauf verwiesen, dass die Kinderkliniken in der Regel einen guten Kontakt zu allen derartigen Institutionen pflegen, weshalb eine Vorstellung des Kindes in der Klinik immer von Vorteil ist.

17 Tod im Wasser

Kasuistik

Sie werden als NAW zu einer in einem größeren Fluss treibenden Person alarmiert. An der Einsatzstelle sehen Sie, wie die ebenfalls alarmierten Rettungsschwimmer eine leblose Person aus dem Wasser ziehen und an das Ufer legen. Sie erkennen auf Anhieb, dass die ca. 50-jährige männliche Person schon längere Zeit tot im Wasser getrieben haben muss: Der Mann erscheint aufgedunsen, eine schleimige Substanz bedeckt Teile des entblößten Brustkorbes und an der Stirn sind Schürfwunden zu sehen. Auf den ersten Blick sieht es aus, als würde der Mann weiße Handschuhe und Socken tragen – bei genauerer Betrachtung fällt auf, dass sich die Oberhaut abgelöst hat. Am ganzen Körper fallen Ihnen weitere und in ihrer Schwere unterschiedliche diffuse Substanzdefekte der Haut auf. Die gerade eingetroffenen Polizeibeamten fragen Sie, ob Sie nicht auch der Meinung wären, dass es sich aufgrund der Verletzungen um einen Unfalltod oder Kapitaldelikt handeln müsste. Sie werden gebeten, eine Leichenschau durchzuführen. Kommen Sie der Bitte nach?

17.1 Einleitung

In Deutschland kam es 2008 laut DLRG zu 475 Ertrinkungsunfällen mit tödlichem Ausgang, weltweit ertrinken etwa 400 000 Menschen pro Jahr. Jährlich bevölkern Millionen von Bürgern die Küsten und Uferbereiche von Seen und Flüssen. Auch die Zahl von Sporttauchern nimmt in den letzten Jahren stark zu und somit auch die der Unfälle in diesem Bereich. Zu Todesfällen kommt es aber auch in kleineren Gewässern wie Gartenteichen (vor allem Kinder). Rechtsmedizinisch sind auch Auffindesituationen in Badewannen o. ä. bedeutsam. Ertrinkungsfälle gibt es auch in anderen Flüssigkeiten als Wasser, sie sind aber eher eine Rarität und werden deshalb hier unter die Todesfälle im Wasser subsumiert.

Die Gründe, die zum Ertrinken führen, sind sehr zahlreich und unterschiedlich. Angesichts der zum Teil recht eindrucksvollen und für viele als erschreckend empfundenen Leichenveränderungen kommt es nicht selten zu Fehlklassifizierungen und -aussagen bei der Todesfeststellung und somit der Festlegung des weiteren Procedere.

Vorwegnehmend sei betont, dass Todesfälle im Wasser prinzipiell unnatürlicher oder ungeklärter Art sind. Somit sind immer die Ermittlungsbehörden einzuschalten. Zudem führen im Wasser aufgefundene Leichen oft keine Ausweispapiere mit sich und die Identifikation gestaltet sich aufgrund der wassertypischen Leichenveränderungen als schwierig bis unmöglich – schon allein deshalb ist die Polizei zur Feststellung der Identität und der Personalien vonnöten.

In diesen Fällen ist der Notarzt von der Leichenschau befreit, er muss nur den Tod feststellen. Von Untersuchungen, die über die eigentliche Todesfeststellung hinausgehen, ist abzusehen.

17.2 Mögliche Todesursachen und -arten im Wasser

Da die Todesursache oftmals nicht auf Anhieb ersichtlich ist, spielen bei Todesfällen im Wasser die Auffindesituation und Zeugenaussagen eine sehr wichtige Rolle. Nicht nur für die Polizei, sondern auch für das medizinische Personal ist eine gründliche Dokumentation von immenser Wichtigkeit, damit auch zu einem späteren Zeitpunkt eine adäquate Aussage zum Sachverhalt getroffen werden kann.

Fast alle im Folgenden genannten Ursachen für Todesfälle im Wasser führen spätestens auch sekundär zum eigentlichen Ertrinken bzw. zum Eindringen von Wasser in die Luftwege. Diese Verallgemeinerung befreit aber nicht von der Frage nach den Begleitumständen.

Tod durch Ertrinken an sich

Hiervon sind vor allem Nichtschwimmer betroffen, ebenso Personen in Situationen, in denen es nicht gelingt, den Kopf bzw. die Atemöffnung über der Wasseroberfläche zu halten (starke Strömung, beispielsweise an Stauwehren, mit Wasser voll gelaufene Kraftfahrzeuge). Oft spielt dabei die einsetzende körperliche Erschöpfung eine wichtige Rolle. Diese Erschöpfung kann insbesondere bei niedrigen Wassertemperaturen rasch innerhalb weniger Minuten einsetzen (beispielsweise nach dem Einbrechen in eine zu dünne Eisdecke oder dem Sturz ins offene Meer). Dicke Kleidung fördert die Erschöpfung durch gesteigerte Kraftanstrengungen, den Körper an der Wasseroberfläche zu halten.

Man kann verschiedene Phasen des Ertrinkens unterscheiden, der gesamte Vorgang dauert etwa 4–5 Minuten. Zunächst kommt es unter Wasser zu einem willkürlichen Anhalten der Atmung (wie beim Apnoe-Tauchen). Nach relativ kurzer Zeit steigt die Kohlenstoffdioxid-Konzentration im Blut, was eine Einatmung erzwingt. Dabei tritt Wasser in die Atemwege (und in den Magen) ein, meist verbunden mit einem reflektorischen Hustenreiz. Das in die Lungen gelangende Wasser führt in Verbindung mit ausgewaschenem Sekret der Atemwege und der Atemluft durch verzweifelte Atembemühungen zu einer Schaumbildung, die manchmal postmortal als Schaumpilz vor dem Mund in Erscheinung tritt (Abb. 17.**1**). Durch die Verlegung der Atemwege durch Schaum, Schleim und Wasser kommt es zur trockenen Lungenblähung, die nach der autoptischen Öffnung des Brustkorbs sichtbar wird (Abb. 17.**2**). Aufgrund des gefallenen Sauerstoffgehalts im Gehirn entwickeln sich generalisierte Krampfanfälle. Vor Erlöschen der Kreislauftätigkeit tritt über das Zwischenstadium der Schnappatmung der terminale Atemstillstand ein.

Unfalltod im Wasser

Ursache für den Unfalltod im Wasser sind Traumen, die erst sekundär zum Ertrinken führen, indem sie das Ausführen koordinierter Schwimmbewegungen unmöglich machen. Gerade an Gewässern, die im Rahmen des Freizeitsportes genutzt werden (Kopfsprung in seichtes Gewässer, Wassersportaktivitäten, Spazierwege direkt am Wasser) muss diese Art des Unfalltodes in Betracht gezogen werden. Aber auch in Gewerbeanlagen muss an diese Todesart gedacht werden, da die dort beschäftigten Arbeitnehmer in der Regel gut schwimmen können und sich in Notsituationen wie dem Sturz ins Wasser normalerweise zu helfen wissen.

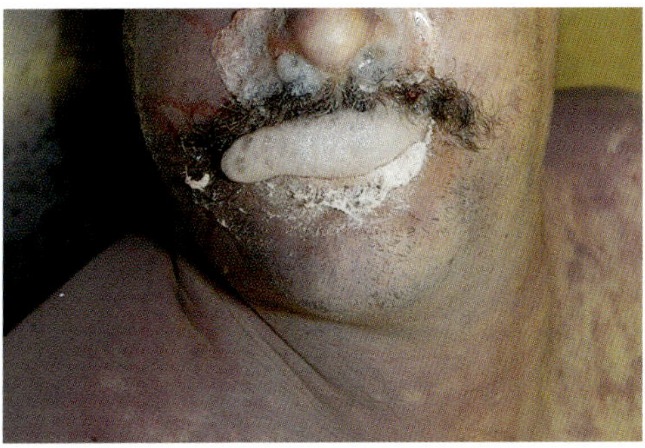

Abb. 17.**1** Vor allem kurz nach der Bergung aus dem Wasser kann gerade bei wenig durch Fäulnis veränderten Leichen ein Schaumpilz vor den Atemöffnungen hinweisend auf die Todesursache sein.

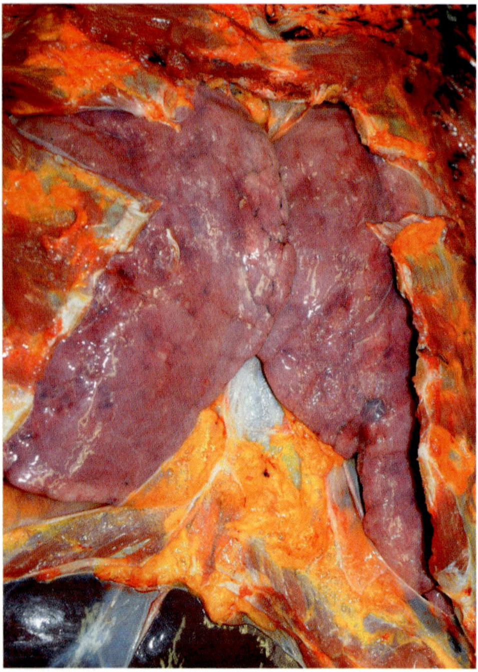

Abb. 17.**2** Innerer Ertrinkungsbefund: trockenen Lungenblähung infolge Verlegung der Atemwege durch Schaum, Schleim und Wasser. Hier überlappen sich die Vorderkanten beider Lungenflügel.

Badetod

Vor allem übersteigerte vagale Reflexe beim Eintauchen ins Wasser führen zum Badetod durch plötzliche Bradykardie bis Asystolie, verbunden mit Bewusstseinsverlust. Neben der individuellen Prädisposition spielen hierbei Faktoren wie erhöhte Körpertemperatur durch Sonneneinstrahlung, kaltes Wasser, opulente Mahlzeiten und Alkoholeinfluss eine wichtige Rolle.

Betroffen sind oftmals relativ junge, bis dahin gesunde Personen, die plötzlich unmittelbar nach Eintritt ins Wasser bewusstlos werden und ohne Abwehrkampf untertauchen. Nicht immer lässt sich retrospektiv anamnestisch eine vorbekannte verstärkte Vagotonie eruieren.

Tauch-Zwischenfälle

Auch in deutschen Gewässern genießt der Tauchsport größte Beliebtheit mit immer weiter steigenden Zahlen an Tauchschein-Inhabern. Beim **Gerätetau-**

chen können insbesondere die folgenden Szenarien potenziell zum Ertrinken führen:

- zu wenig Atemgasvorrat
- technischer Defekt an der Tauchausrüstung
- Kontamination des Atemgases
- Unvermögen aufzutauchen (Strömung, Verheddern in Gegenständen oder Pflanzen)
- Tiefenrausch
- Panikattacken
- Zu rasches Auftauchen kann zur Caisson-Krankheit (Taucherkrankheit, Ausperlen von Stickstoff), oder Barotraumen (Einreißen von gasgefüllten Geweben) führen.

Nach einem Tauch-Zwischenfall ist die komplette Ausrüstung des betroffenen Tauchers zu beschlagnahmen, der evtl. vorhandene Tauchcomputer und etwaige Computer der Tauchpartner sind auszuwerten. Ebenfalls muss festgestellt werden, mit welchem Atemgas getaucht wurde, da es auch im Sportbereich künstliche Modifikationen der Pressluft gibt (zum Beispiel Nitrox).

Auch beim **Schnorcheln** kann es zu tödlichen Unfällen kommen. Ursache ist meist die selbst gebastelte Ausrüstung, beispielsweise durch zu lange (Totraum zu groß) oder zu dünne (erhöhter Atemwegswiderstand) Schnorchel.

Abzugrenzen vom Gerätetauchen ist das **Apnoe-Tauchen**. Hierbei wird vor dem Untertauchen aktiv hyperventiliert, um so viel CO_2 wie möglich abzuatmen. CO_2 regelt jedoch beim Lungengesunden auch den Atemantrieb. Kommt es durch längeres Untertauchen zu einem rascheren Abfall der Sauerstoffreserve im Blut als zum Anstieg des CO_2, verliert der Taucher infolge der Hypoxie das Bewusstsein unter Wasser, was sekundär zum Ertrinken führt.

Suizid im Wasser

Beim Suizid im Wasser sollte man stets eine mögliche zusätzliche äußere Einwirkung bedenken, wie beispielsweise:

- Intoxikation (Alkohol, Drogen, Medikamente)
- Sprung aus großer Höhe ins Wasser (berühmtes Beispiel Golden Gate Bridge)
- Anbringen von Gewichten an den Körper oder Fesselungen
- zusätzliche selbstschädigende Einflussnahme wie scharfe Gewalt, Schuss, Strangulation oder Elektrizität
- Manipulation des Tauchgeräts oder absichtliches Nichtbeachten der Tauchregeln

Ein Suizid im Wasser kann somit nicht nur bei Nichtschwimmern vorkommen, sondern es liegt häufig ein Mischbild aus mehreren Schädigungsarten vor.

Fremdtötung

Bei den Opfern handelt es sich in der Regel um Nichtschwimmer, die durch zusätzliche äußere Einflussnahme (s. o.) im Wasser zu Tode kommen. Der planende Täter erhofft sich, dass die Leiche nicht oder sehr spät aufgefunden wird, damit eine rechtsmedizinische Untersuchung oder Spurensicherung erschwert oder unmöglich wird. Oft ist der Auffindeort nicht gleich dem Tatort. Rückschlüsse auf den Tatort geben die vermutliche Liegedauer der Leiche und die Strömungsverhältnisse im Gewässer.

Ertrinken durch Fremdeinwirkung ist nicht nur in offenen Gewässern möglich, sondern auch in kleineren Behältnissen wie beispielsweise der Badewanne. In diesen Fällen kommt in der Regel immer ein zusätzlicher Tatmechanismus zum Tragen, wie zum Beispiel das Untertauchen des Opfers oder das Anlegen einer elektrischen Ladung.

Natürlicher Tod im Wasser

Nahezu alle plötzlichen, natürlichen Todesursachen können auch im Wasser auftreten, was aber meist erst bei der Leichenöffnung erkannt wird und somit primär eine Ausschlussdiagnose darstellt. Bis zum rechtsmedizinischen Beweis des natürlichen Todes ist von einer unnatürlichen Todesart auszugehen und somit die Polizei zu informieren.

In Abgrenzung zum Badetod (mit einer verstärkten Vagotonie als Ursache) lassen sich in diesen Fällen im Rahmen der rechtsmedizinischen Untersuchung morphologische Zeichen einer das Ertrinken auslösenden akuten Erkrankung nachweisen.

17.3 Äußere Leichenerscheinungen

Zunächst sei hier der schon angesprochene Schaumpilz zu nennen, der nicht selten nach der Bergung aus dem Wasser vor den Atemöffnungen sichtbar wird (Abb. 17.**1**). Cave: Dieser durch verzweifelte Atembemühungen aus eingedrungenem Wasser und muzinen Lungensekreten gebildete Schaum kann den fälschlichen Eindruck erwecken, dass es sich um eine Vergiftung handelt.

Jedem bekannt ist die sogenannte Waschhautbildung an Händen und Füßen bei längerem Aufenthalt im Wasser. Liegt eine Leiche längere Zeit im Wasser, ist diese Erscheinung deutlich stärker ausgeprägt: Die Oberhaut wird blass, wirft Falten und löst sich schließlich von der Unterhaut, so dass sie teilweise bei der Obduktion wie ein Handschuh abgezogen werden kann (Abb. 17.**3**). Nach längerem Liegen im feuchten Milieu können auch die Finger- und Zehennägel ausfallen. Im weiteren Verlauf kommt es nicht nur an den Füßen und Händen zur Oberhautablösung, sondern sie bildet sich generalisiert aus. Die genannten Hautveränderungen sind stark temperaturabhängig, so dass man bei bekannter Wassertemperatur grob auf die Liegedauer schließen kann.

Leichen treiben zumeist bäuchlings im Wasser. Durch die hydrostatische Einwirkung der umgebenden Flüssigkeit bilden sich keine deutlichen Totenflecken. Diese entstehen erst nach der Bergung. An den unten zu liegen kommenden Hautpartien können bei starker Strömung Abriebsverletzungen und Schädigungen durch Anstoßen an feste Gegenstände auftreten.

Andere schwere Verletzungen machen es erforderlich, rechtsmedizinisch zu klären, ob sie vor Todeseintritt zugefügt wurden, etwa durch einen Unfall (Beispiel: Schiffsschraube) oder bei einem Kapitalverbrechen, oder ob es sich um postmortale Schädigungen handelt (Beispiel: Wehr- oder Hafenanlagen).

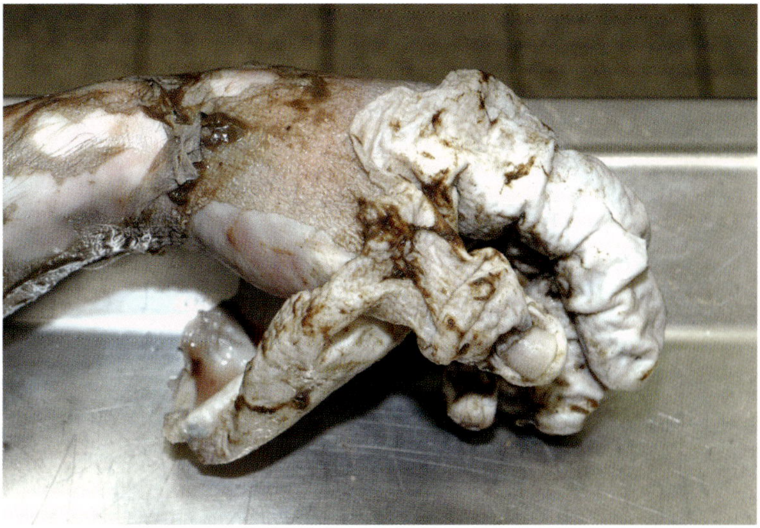

Abb. 17.**3** Waschhaut: Runzelung der Haut an den Händen. Die Oberhaut lässt sich bei längerer Wasserliegezeit zum Teil handschuhartig abziehen.

17

Bereits nach relativ kurzer Zeit im Wasser kann sich bei entsprechender Besiedlung ein Algenrasen auf der Haut des Verstorbenen bilden. Die entstellend wirkenden Algen lassen sich jedoch relativ leicht entfernen.

Nicht zu vergessen sind auch das frühzeitige Einsetzen und die zum Teil starke Ausprägung von Tierfraß durch Ratten, Fische oder Krebse.

18 Sexualdelikte

Kasuistik

Sie werden in den Abendstunden als Besatzung eines Notarztwagens von der Polizei in eine bürgerliche Wohngegend mit Mehrfamilienhäusern nachgefordert – als Einsatzstichwort wird Ihnen „häusliche Gewalt" genannt. Sie finden inmitten von 3 Streifenwagenbesatzungen eine verschüchtert wirkende 34-jährige Frau vor, die angibt sie sei im Rahmen einer Auseinandersetzung von ihrem Ehemann (und Vater ihrer 3 Kinder im Alter von 2, 5 und 7 Jahren) geschlagen worden. Die Frau macht einen gestressten und im nächsten Moment apathischen Eindruck. Sie sagt Ihnen, dass sie keine weiterreichende Untersuchung oder Klinikeinweisung wünscht, sie hätte nur nach einem Arzt verlangt, um den Fragen der Polizeibeamten zu entkommen. Sie bitten die Frau, zumindest orientierend nach Ihren Verletzungen sehen zu dürfen. Neben einer Schwellung der Oberlippe werden Ihnen von der Patientin mehrere punktförmige Hämatome an den Innenseiten der Oberarme gezeigt. Es besteht für Sie eine Diskrepanz zwischen den Bagatellverletzungen und der seelischen Verfassung der Frau. Deshalb bitten Sie die Polizeibeamten um eine ungestörte Untersuchungsmöglichkeit im Schlafzimmer der Wohnung. Dort nochmals auf die Verletzungen angesprochen, bricht die Patientin in Tränen aus und gibt an, von ihrem Ehemann vergewaltigt worden zu sein. Sie hoffe, dass man sie bald in Ruhe lässt, denn sie wolle keine Anzeige erstatten, und sie erinnert Sie an Ihre Schweigepflicht. Sie möchte nicht, dass die Kinder etwas von der Vergewaltigung erfahren. Nach einem längeren Gespräch mit dem Hilfsangebot, die Frau in einer gynäkologischen Ambulanz vorzustellen, willigt sie unter der Voraussetzung ein, dass sie erst eine Betreuungsmöglichkeit für die Kinder organisieren und eine Freundin sie begleiten darf. Einschränkend gibt sie zu bedenken, dass es aufgrund des organisatorischen Aufwands auch erst am Folgetag gelingen könnte, die Klinik aufzusuchen. Nun wolle sie sich erstmal frisch machen und sich neue Kleidung anziehen, bevor sie den Kindern gegenübertritt. Sie gehen noch einmal eindringlich auf die Frau ein, raten auch im Interesse ihrer Kinder zu einer Strafanzeige und weisen sie darauf hin, unabhängig von einer eventuellen Strafanzeige, möglichst zeitnah eine Klinik zur genaueren Untersuchung und Dokumentation der Befunde aufzusuchen. Für eine adäquate Spurensicherung solle sie sich weder waschen noch die Kleidung wechseln, auch wenn ihr dies unangenehm sei.

Anschließend informieren Sie die Polizei im Einvernehmen mit der Patientin, dass sie sich auf eine Untersuchung in einer Klinik verständigt hätten, nachdem die Kinderbetreuung gewährleistet sei. Sie sagen, die Patientin bitte um Bedenkzeit, was eine etwaige Strafanzeige gegen den von der Polizei in Gewahrsam genommenen Mann angeht.

18.1 Einleitung

In diesem Kapitel geht es um Straftaten gegen die sexuelle Selbstbestimmung im Sinne des Strafgesetzbuches (StGB):

- § 174 a sexueller Missbrauch von Gefangenen, behördlich Verwahrten oder Kranken und Hilfsbedürftigen in Einrichtungen
- § 174 b sexueller Missbrauch unter Ausnutzung einer Amtsstellung
- § 174 c sexueller Missbrauch unter Ausnutzung eines Beratungs-, Behandlungs- oder Betreuungsverhältnisses
- § 177 sexuelle Nötigung; Vergewaltigung
- § 178 sexuelle Nötigung und Vergewaltigung mit Todesfolge
- § 179 sexueller Missbrauch widerstandsunfähiger Personen

Dem sexuellen Missbrauch von Kindern ist im Kapitel über Kindesmissbrauch ein eigener Abschnitt gewidmet. Daher fehlen hier die entsprechenden besonderen Aspekte. Dennoch kann man den Inhalt dieses Kapitels weitestgehend auch auf Kinder übertragen.

Ein rettungsdienstlicher Einsatz aufgrund eines stattgehabten Sexualdelikts ist nicht sehr häufig, dennoch sind profunde Kenntnisse über das notwendige Procedere wichtig, um die Chancen auf eine Aufklärung der Straftat zu erhöhen. In der Regel gibt es für die Tat keine Zeugen und die körperlichen Zeichen sind oftmals nur schwach ausgeprägt oder unspezifisch. Eine adäquate und gründliche Untersuchung und Spurensicherung von einem im optimalen Fall erfahrenen Untersucher sind daher oftmals für eine Aufklärung unabdingbar. Dies ist zwar nicht Aufgabe des Notarztdienstes, dennoch sollte der Notarzt oder das Rettungsdienstpersonal die notwendigen Weichen zügig und zielstrebig stellen können.

Oberste Priorität im Umgang mit dem Opfer eines Sexualdelikts hat ein empathisches Auftreten und Handeln. Das Schamgefühl des Opfers ist unbedingt zu achten.

18.2 Diagnostik

Befragung

Die Befragung zur genauen Tatrekonstruktion ist Aufgabe der Polizei. Der untersuchende Arzt beschränkt sich auf die Fragen, die Relevanz und Konsequenzen für seine diagnostischen Maßnahmen haben. Dazu gehören:

- Wo war der Tatort (Wohnung, Wald etc. wegen anhaftender Spuren)?
- Wie lange liegt die Tat zurück (Tatzeit)?
- Welche Art der Gewalteinwirkung gab es?
- Bestehen körperliche Beschwerden?
- Wurde ein Kondom benutzt?
- Kam es zu vaginalem und/oder analem und/oder oralem Verkehr?
- Wohin wurde ejakuliert?
- Kam es zur Gewaltanwendung gegen den Hals?
- Wann und mit wem (späterer Täter?) war der letzte freiwillige Geschlechtsverkehr?
- Wann war die letzte Regelblutung bzw. werden Kontrazeptiva eingenommen?
- Gibt es vorbestehende Erkrankungen oder Verletzungen im anogenitalen Bereich?
- Wie war das Verhalten nach der Tat (Körperreinigung, Kleidungswechsel)?

Macht das Opfer Angaben zum Tathergang, so sind diese im weiteren Verlauf der Dokumentation in den Worten des Opfers wiederzugeben.

Durch die Befragung gilt es zudem zu eruieren, ob zum Tatzeitpunkt eine psychische Beeinträchtigung bestand. Stand das Opfer unter dem Einfluss von Medikamenten, Alkohol oder Drogen? Gibt es in der Anamnese Hinweise auf eine psychiatrische Vorerkrankung oder eine geistige Retardierung?

Untersuchung

Die körperliche Untersuchung hat möglichst kurze Zeit nach der Tat stattzufinden, damit keine Spuren verloren gehen bzw. dezente Verletzungen noch nachgewiesen werden können. Dazu ist es auch wichtig, das Opfer entgegen dem häufig geäußerten Wunsch zu überzeugen, keine Körperreinigungsversuche und keinen Kleidungswechsel durchzuführen. Auch wenn dies für die Opfer sehr belastend sein kann, so ist es doch für die Spurensuche sehr wichtig.

Die Untersuchung sollte in einer angenehmen Umgebung und möglichst auf einem gynäkologischen Untersuchungsstuhl stattfinden. Das benötigte

Material muss verfügbar und griffbereit sein. Eine ruhige und professionelle Atmosphäre mit einem Maximum an Empathie ist sehr wichtig. Das Schamgefühl ist zu achten und nicht zuletzt deshalb sind Doppeluntersuchungen zu vermeiden. Daher sollten die körperliche Untersuchung und Spurensicherung in einer Sitzung erfolgen. Der Untersucher sollte möglichst nicht allein mit dem vermeintlichen Opfer sein; wenn es irgendwie machbar ist, sollte eine Frau anwesend sein. Zu Beginn der Untersuchung ist auch die Bekleidung zu dokumentieren, um später belegen zu können, ob vorher ein Bekleidungswechsel stattgefunden hat.

Der Umfang der Untersuchung ist mit dem Opfer abzusprechen, auf Wunsch kann auch auf einzelne Aspekte verzichtet werden, wenn auch mit dem Risiko, nicht alle Befunde zu entdecken. Natürlich ist strikt auf die Einhaltung der Schweigepflicht zu achten. Die Untersuchungsergebnisse dürfen nur nach der Entbindung von der Schweigepflicht durch das Opfer weitergegeben werden. Anders verhält es sich, wenn die Ermittlungsbehörden eine Untersuchung anordnen. In diesem Fall besteht die Verpflichtung zu einer Ganzkörperuntersuchung und es besteht keine Schweigepflicht gegenüber den Ermittlungsbehörden bezüglich Befunde, die mit der Tat in Verbindung stehen.

Für die Ermittlungen ist es sehr wichtig, den erhobenen Befund mit dem durch Opfer oder Tatverdächtigen geschilderten Tathergang in Verbindung zu bringen bzw. Diskrepanzen aufzudecken. Dies ist jedoch Aufgabe der Ermittlungsbehörden und nicht des untersuchenden Arztes. Gerade der forensisch unerfahrene Arzt sollte sich auf eine rein deskriptive Wiedergabe seiner Befunde beschränken, deren Interpretation kann dann durch einen vom Gericht als Gutachter bestellten Rechtsmediziner erfolgen. Die genaue Bewertung der Verletzungen ist insbesondere dann wichtig, wenn der Täter aus dem näheren sozialen Umfeld des Opfers stammt (ist in 60 – 80 % der Fall) und behauptet, die sexuelle Handlung wäre freiwillig erfolgt.

Während genitale Verletzungen nur in etwa einem Viertel der Fälle nachzuweisen sind, finden sich in der Hälfte bis zu 3 Vierteln der Fälle extragenitale Verletzungen. Hierbei handelt es sich am häufigsten um Verletzungen durch stumpfe Gewalt (Hämatome, Schürfungen), gefolgt von Verletzungen durch Angriff gegen den Hals. Das Fehlen von Verletzungen schließt eine Tat jedoch nicht aus. Gerade bei fehlender körperlicher Gegenwehr (beispielsweise aufgrund einer Bedrohung mit einer Waffe) können die Befunde auch nur sehr dezent und relativ kurzzeitig nachweisbar sein.

Es ist penibel auf eine exakte Dokumentation aller Befunde zu achten, auch wenn die Einzelverletzungen nicht behandlungsbedürftig sind. Niederschriften wie „multiple Hämatome" oder „Prellungen" ohne nähere Angaben, ob eine Schürfung, Hämatom o. ä. vorliegen, machen keinen Sinn, da diese Informationen nicht verwendbar sind. Insbesondere ist zu achten auf:

- geformte Verletzungen (zum Beispiel Bissverletzung)
- Fesselungsspuren
- Würgemale sowie petechiale Blutungen der Lid- und Bindehäute
- Abwehrverletzungen an den Ellenseiten der Unterarme (Abb. 18.**1**)
- Hämatome an Handgelenken und Oberarmen (Griffspuren, Abb. 18.**2**)
- Kratzspuren vom gewaltsamen Entkleiden an Brustkorb, Hüfte und Gesäß
- Schürfungen, Hämatome oder Hauteinblutungen an den Schulterblättern, über der Wirbelsäule oder an Becken bzw. Gesäß (Widerlagerverletzungen, Abb. 18.**3**)
- Hämatome auf den Innenseiten der Oberschenkel (gewaltsames Spreizen der Beine)

Neben der schriftlichen Befundbeschreibung ist eine Fotodokumentation unabdingbar, die immer mit Maßstab und mit bei guten Lichtverhältnissen stattzufinden hat, da nur so die eventuell nur schwer zu erkennenden Befunde gut darstellbar und reproduzierbar sind.

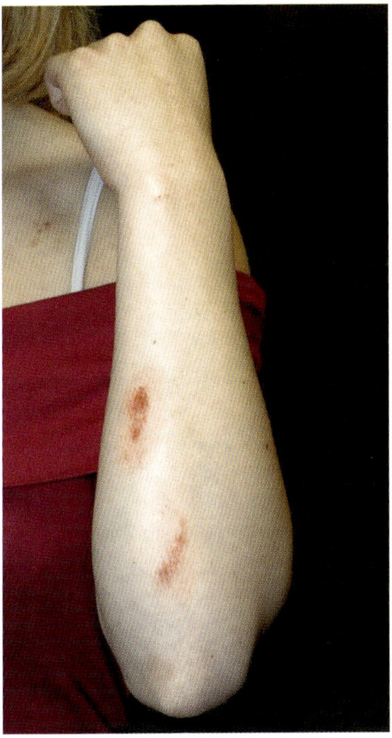

Abb. 18.**1** Schürfungen nach stumpfer Gewalteinwirkung an der Ellenseite des linken Unterarms. Typische Lokalisation für Abwehrverletzungen.

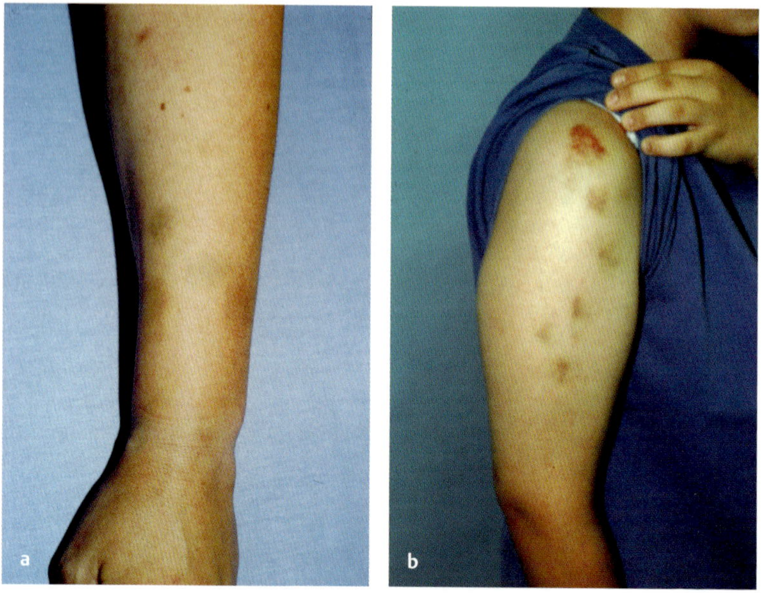

Abb. 18.**2** Griffspuren: fingerkuppengroße Hämatome am Unter- (**a**) und Oberarm (**b**) als Folge von festem Zupacken.

Spurensicherung

Der Spurensicherung kommt bei Sexualdelikten eine hohe Bedeutung zu, da es meist keine Tatzeugen gibt und die Tat durch objektive Beweise am besten nachgewiesen werden kann.

Für die Labordiagnostik ist eine größere Anzahl an Probenentnahmen notwendig:

- vaginale/rektale/orale Abstriche zum Nachweis von Sperma. Auch bei Verwendung eines Kondoms sollten Abstriche genommen werden, da man den Inhaltsstoff Lycopodium nachweisen kann.
- bei Bissverletzungen Abstriche zum DNA-Nachweis aus getrocknetem Speichel. Dazu wird ein steriler und DNA-freier Tupfer mit Aqua dest. befeuchtet und die entsprechende Hautregion mit mäßigem Druck abgerieben.
- Abnahme und Katalogisierung anhaftender Spuren wie Erde, Haare, Hautschuppen
- Die Fingernägel sollten wegen evtl. nach Abwehrmaßnahmen anhaftender Hautschuppen des Täters geschnitten und untersucht werden.

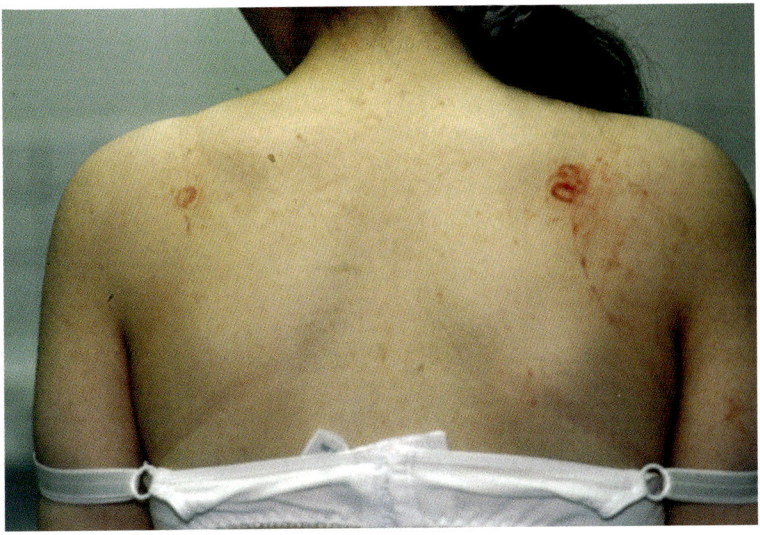

Abb. 18.3 Widerlagerverletzung: geformte intrakutane Blutungen, hervorgerufen durch Druck auf den BH.

Alle Abstriche und andere Proben werden einzeln steril und trocken verpackt und genau beschriftet.

Weiterhin werden benötigt:

- Wangenschleimhautabrieb für Vergleichs-DNA
- Urinprobe und 2 Serumproben für chemischt-toxikologische Untersuchungen und Blutalkoholbestimmung
- Serumprobe für HIV-Status, Lues-Serologie u. a.

Untersuchung des Tatverdächtigen

Es kann nicht nur die Untersuchung des Opfers, sondern nach § 81a StPO auch die des Tatverdächtigen angeordnet werden. Dieser Verpflichtung kann sich der Tatverdächtige nicht entziehen und er kann keinen Teilbereich der Untersuchung verweigern. Im Zentrum des Interesses stehen Hinweise auf Abwehrverletzungen durch das Opfer, das Gewinnen einer DNA-Probe des Tatverdächtigen sowie Abstriche (vor allem Penisschaft) bzw. Abkratzen von evtl. Hautpartikeln unter den Fingernägeln mit der Intention, die DNA des Opfers nachzuweisen. Weiterhin empfiehlt sich die Untersuchung einer Blutprobe auf die sexuell übertragbaren Erkrankungen HIV und Hepatitis C. Damit muss der Tatverdächtige aber einverstanden sein.

18.3 Vorgetäuschtes Sexualdelikt

Etwa 5 – 12 % aller zur Anzeige gebrachten Sexualdelikte sind vorgetäuscht Besonders häufig mit ca. 40 % kommt dies in der Altersgruppe der jungen Mädchen bis 16 Jahre vor.

Gründe für eine Falschanzeige können sein:

- Rechtfertigung für langes Wegbleiben o. ä.
- Erlangung von Aufmerksamkeit/Zuwendung
- Rache am angeblichen Täter (in ca. ¼ der Fälle)
- Vertuschen eines Seitensprungs

Nicht selten ist diese Vortäuschung auch mit Selbstbeibringung von Verletzungen verbunden. Diese Verletzungen haben oft eine charakteristische Form und können dadurch zur Aufklärung des vermeintlichen Delikts dienen: Es handelt sich zumeist um gruppierte, parallele, gleichmäßige, oft langstreckige, oberflächliche Verletzungen der Haut in symmetrischer Ausprägung. Sie sind an eigenhändig leicht zugänglichen Körperregionen lokalisiert; schmerzhafte Regionen werden ausgespart.

19 Literaturempfehlungen

Grassberger M, Schmid H. Todesermittlung. Wien: Springer; 2009

Krause D, Schneider V, Blaha R. Leichenschau am Fundort. 4. Aufl. Paderborn: Voltmedia; 2006

Madea B. Die ärztliche Leichenschau. 2. Aufl. Heidelberg: Springer; 2006

Madea B, Hrsg. Praxis Rechtsmedizin. 2. Aufl. Heidelberg: Springer; 2006

Madea B, Dettmeyer R. Basiswissen Rechtsmedizin. Heidelberg: Springer; 2007

Penning R. Rechtsmedizin systematisch. 2. Aufl. Bremen: UNImedM; 2006

Pfefferli P, Hrsg. Die Spur – Ratgeber für die spurenkundliche Praxis. 5. Aufl. Heidelberg: Verlagsgruppe Hüthig Jehle Rehm; 2007

Zimmer G. Prüfungsvorbereitung Rechtsmedizin. 2. Aufl. Stuttgart: Thieme; 2009

20 Informationen im Internet

Das Informationsangebot im Internet zu den in diesem Buch behandelten Themen ist schier unüberschaubar und wandelt sich ständig. Wir beschränken uns daher auf die Angabe einiger weniger Links, die aber ihrerseits auf andere Seiten weiterführen:

- **Bundeskriminalamt**
  www.bundeskriminalamt.de
- **Bund gegen Alkohol und Drogen am Steuer e.V.**
  www.bads.de
- **Deutsche Gesellschaft für Rechtsmedizin**
  www.dgrm.de
- **Schweizerische Gesellschaft für Rechtsmedizin**
  www.sgrm.ch
- **Institut für Rechtsmedizin am Universitätsklinikum Freiburg**
  www.rechtsmedizin.uniklinik-freiburg.de
- **Gemeinsame Elterninitiative Plötzlicher Säuglingstod**
  www.geps.de
- **Informationen zur Kindesmisshandlung**
  www.kindesmisshandlung.de
- **Leitfaden zur Erkennung häuslicher Gewalt**
  www.aerztekammer-bw.de/20/gewzuhause/index.html
  www.aerztekammer-hamburg.de/diekammer/ausschuesse/leitfaden_haeuslichegewalt06.pdf
- **Informationen zur Bestattungsverordnung**
  www.aerztekammer-bw.de/20/leichenschau/index.html
- **Gesetzliche Regelungen der Bundesländer zur Leichenschau**
  www.aerztekammer-bw.de/20/leichenschau/leichenschau.pdf

21 Sachregister

C

D

E

L

M

N

O

P

Q

R

S

T

U

V